# 地域観光と国際化

**朝水 宗彦 編**

江村 あずさ
韓 準祐
ペルラキ ディーネシュ
周 曉飛
郭 淑娟
凱 和
刘 姝秋
リシャラテ アビリム
朝水 宗彦

くんぷる

# まえがき

　本書は国内外の観光事例についてまとめたものである。編者が 10 年前に山口大学に赴任したころは日本から海外へ出かけるアウトバウンド観光客が多く、インバウンド観光客がここまで増えることは想像できなかった。編者は地方の観光の国際化について携わることが多く、山口県内の観光関連の会合で、成功事例として北海道のニセコや長野県の白馬のインバウンド観光について紹介することがしばしばあったが、5 年ぐらい前まではあまり反応が良くなかった。2020 年の東京オリンピックに向けてのインバウンド需要も、山口県ではあまり関係ないと思われていたようである。

　しかし、山口県でも 2015 年に元乃隅神社が CNN に取り上げられてから外国人観光客が急増し、それ以降は勤務先の近隣の自治体や企業からインバウンド観光の振興策について問い合わせが急に増えるようになった。その結果、2018 年度は編者のゼミだけでも留学生を活用したモニター調査を学外の資金で 4 件実施している。山口大学だけでも、経済学部の同僚や国際総合科学部で同様の調査が実施されており、インバウンド観光に対する関心の高まりはしばらく続きそうである。

　本書の編集にあたり、編者の勤務先である山口大学や前任校である立命館アジア太平洋大学（APU）の卒業生・大学院生・修了生に投稿いただいた。前任校の APU は元々留学生を集めるために作られた大学であるが、一般的な地方大学である山口大学でも留学生の増加が著しい。特に大学院の経済学研究科や東アジア研究科では留学生が多く、日本人の方がマイノリティである。そのため、本書では編者と経済学研究科修了生の江村さん以外の執筆者は外国籍になっている。

　留学生と修了生の中には出身地の観光をテーマにしている者もいるが、編者の関係者では、むしろ日本との比較研究や、日本の地方の観光地そのものをテーマにしていることが多い。バランスを保つために編者は海外の地方の観光地の事例を加筆したが、外国人による日本の研究は日本人とは

異なった視点も見られるので、日本の地方のインバウンド観光を進めるうえで、これらの研究は大いに役立つと思われる。

末筆になるが、前作「集客交流産業と国際教育旅行」に続き、くんぷるの浪川七五朗氏にはお世話になった。この場を持って感謝の意を表したい。

2018 年 12 月

編者　朝水 宗彦

# 目次

まえがき

## 1章 旅と観光

| | |
|---|---|
| はじめに | 9 |
| 1.1. 旅と文芸 | 10 |
| 1.2. 近代化と観光政策 | 13 |
| 1.3. 数字で見る国際観光 | 18 |
| おわりに | 24 |

## 2章 観光とイメージ

| | |
|---|---|
| はじめに | 25 |
| 2.1. 観光欲求と観光動機に関する先行研究 | 25 |
| 2.2. マクロデータから見た日本人と観光 | 27 |
| 2.3. 観光と観光行動 | 29 |
| 2.4. 観光行動におけるイメージの影響 | 31 |
| 2.5. 観光情報の発信者 | 33 |
| 2.6. 各観光地のイメージ | 38 |
| おわりに | 45 |

## 3章 発見される里山:針江

| | |
|---|---|
| はじめに | 47 |
| 3.1. 里山に集まる関心と捉え方の変化 | 50 |
| 3.2. 針江地区の概要と先行研究 | 53 |
| 3.3. 「里山」として発見されるまで | 55 |
| おわりに | 70 |

5

## 4章　津和野：ブーム後の地方観光地

はじめに ································································· 75

4.1.　津和野藩 ···················································· 75

4.2.　現在の観光資源 ·········································· 76

4.3.　統計で見る観光 ·········································· 78

4.4.　観光産業のリスクと過疎化の影響 ············ 80

4.5.　考察：津和野観光地の将来性 ·················· 83

おわりに ································································· 85


## 5章　渡来祭から見る地域の文化継承と観光化

はじめに ································································· 87

5.1.　先行研究 ···················································· 88

5.2.　日本における華僑華人の文化継承 ············ 89

5.3　日本における文化伝承への措置 ················ 93

5.4.　長崎の華僑社会と唐人屋敷 ····················· 96

5.5　長崎ランタンフェスティバル ··················· 101

まとめ ··································································· 105


## 6章　日本のインバウンド観光におけるコト消費

～台湾からの訪日旅行者向けの煎茶体験プログラムを事例に～ ········ 109

はじめに ······························································ 109

6.1.　既存資料の検討 ········································· 111

6.2.　研究目的と研究方法 ·································· 113

6.3.　台湾からの訪日外国人旅行者向けコト消費としての日本の
「お茶の文化」の体験 ································· 114

6.4.　分析の前提条件 ········································· 116

6.5.　お茶の歴史 ··············································· 118

6.6.　煎茶の文化 ································································· 123

　　結論と今後の課題 ······························································ 128


# 7章　風に乗る一人旅：日本の自然美の読み方

　　はじめに ········································································· 133

　　7.1.　野尻湖への旅 ··························································· 134

　　7.2.　京丹後宇川の旅 ························································ 137

　　7.3.　仙台への旅 ····························································· 140

　　おわりに ········································································· 144


# 8章　中国貴州省における少数民族観光

　　はじめに ········································································· 147

　　8.1.　少数民族村での観光振興がもたらす経済発展 ··············· 147

　　8.2.　貴州省における調査の概要 ········································ 150

　　8.3.　調査データのSPSS分析 ············································ 151

　　8.4.　調査データの差異分析 ·············································· 161

　　おわりに ········································································· 169


# 9章　新疆ウイグル自治区・カシュガル地区における民俗観光

　　はじめに ········································································· 171

　　9.1.　本研究に関する先行研究 ··········································· 172

　　9.2.　調査対象地域の概観 ················································ 173

　　9.3.　カシュガルにおける民俗観光資源概況 ························ 176

　　9.4.　カシュガルにおける民俗観光の発展状況 ····················· 179

　　9.5.　老城路高台民族居住街における「民俗家訪」の展開 ········· 182

　　まとめと今後の課題 ························································· 188

## 10章　ヨーロッパ主要国における観光政策

はじめに ································································· 191

10.1.　ヨーロッパにおける観光の概要 ···················· 191

10.2.　イギリスにおける近代化と観光開発 ··············· 197

10.3.　フランスにおける観光政策と農村開発 ············ 201

10.4.　ドイツの観光と地域連携 ···························· 207

おわりに ································································· 215

**著者紹介** ································································· 221

# 1章

# 旅と観光

### 朝水 宗彦

## はじめに

　現在の生活において観光は身近なものである。それと同時に現在の観光は巨大な産業でもある。しかしながら、観光は時代や地域によって異なった形態が見られる。つまり、徒歩で苦労して旅を行っていた時代と、LCC（Low Cost Carrier: 格安航空会社）で手軽に海外旅行に行ける時代とでは観光形態が異なっている。同じ現代であっても、特定の時期に集中して休暇を取る日本と、有給休暇制度（およびその消化率）が発達しているフランスでは観光形態が異なる。

　なお、本章の後半では旅行に関する統計データをいくつか用いるが、統計を取る上での定義も注意していただきたい。たとえば、日本では「日帰り観光地」などという言い方を日常的にしばしば行うが、UNWTO（United Nations World Tourism Organization: 世界観光機関）の観光客統計はあくまでも1泊以上、1年未満の訪問者を観光客として扱っている。

　日本やオーストラリアなど、周りを海で囲まれた国々では、たとえ日帰りの入国者でも統計を取ることが容易であるが、シェンゲン協定により国境を越えた移動が自由なヨーロッパの国々にとって、陸路での出入国統計は困難であり、宿泊者統計が重要になってくる。しかも、宿泊者統計では宿泊者の出身地や宿泊日数はわかるが、宿泊目的まで分からない場合もある。本章では、人的移動の世界的な動向を考慮に入れながら、主に日本における観光や、広い意味での旅の形態の移り変わりについて概説したい。

9

## 第1章　旅と観光

### 1.1.　旅と文芸

　まず、日本における旅と文芸の関係について概観していきたい。旅と文芸は古くから結びついており、日本では万葉集の時代から、いくつかの歌にそのエッセンスを見ることができる。西行（平安末期）は旅の歌人として著名であるが、時を越えて西行の影響を受けた松尾芭蕉（江戸前期）においては俳句のために日本各地を訪問するようになった。現在では、芭蕉の句の地を求めて、日本人だけでなく、海外からも訪問する人々が見られる。

　旅日記風の作品もまた、日本では古くから見られる。旅の道中を綴った紀貫之（平安前期）の『土佐日記』や阿仏尼（鎌倉中期）の『十六夜日記』をはじめ、『海道記』や『東関紀行』などの作者不詳の作品、あるいは『更級日記』や『とはずがたり』のように日記の一部に旅の要素が見られる作品を加えれば、その数は膨大になる。

　旅に関する文芸作品が発展するにつれ、旅に関する創作で生業を立てる者も登場してきた。江戸後期になると、『東海道中膝栗毛』で有名な劇作家の十返舎一九や『冨嶽三十六景』の浮世絵師の葛飾北斎、『東海道五十三次』の歌川広重などが輩出され、これらの作品は日本だけでなく、海外でも高く評価されている。

　江戸末期から明治初期にかけ、外国人による日本各地の旅の記録にも興味深いものがたくさん見られる。たとえば、シーボルトによる日本における一連の紀行文はあまりにも精密だったため、時の幕府に問題視されることもあったが、現在では一級の史資料として評価できる。アーネスト・サトウによる日本各地の調査『日本旅行日記』は後に外国人向けのガイドブックの一部となり、多くの訪日外国人客の利便性に貢献した。フェノロサによる日本各地の美術品の収集は、明治維新後の廃仏毀釈の風潮と一線を画し、日本文化の再評価に一石を投じた。

　さらに、日本に帰化したラフカディオ・ハーン（小泉八雲）は松江や熊本、焼津など、日本各地の暮らしや地域の伝承を生き生きと書き綴っている。当時の一般的な欧米諸国の出身者とは異なり、ハーンの場合、上から

10

目線ではない、地に足の着いた視点から、日本の文化や社会を掘り下げている。彼らの視点は時を越え、現代のインバウンド観光の発展につながる部分もあるのではなかろうか。

　これらの旅の作品を愛で、時に体感するため、後世の人々は文芸グループや記念館を設立した。これらの集まりや施設は直接的、あるいは間接的に、文芸のモチーフに触れたい人々を引き寄せるのにもまた貢献している。これらの集まりや施設のうち、2018年11月現在Webで確認できるものとして、以下の例が挙げられる。

---

・西行学会（n.d.）「ホームページ」http://saigyodensho.web.fc2.com/
　xi_xing_xue_hui/Home.html
・おくのほそ道ネットワーク(n.d.)「ホームページ」http://basyoo.net/
・すみだ北斎美術館(n.d.)「ホームページ」http://hokusai-museum.jp/
　（小布施町）北斎館(n.d.)「ホームページ」https://hokusai-kan.com/
・静岡市東海道広重美術館（n.d.）「ホームページ」http://tokaido-
　hiroshige.jp/
・中山道広重美術館（n.d.）「ホームページ」https://hiroshige-ena.jp/
・那珂川町馬頭広重美術館（n.d.）「ホームページ」http://www.
　hiroshige.bato.tochigi.jp/
・（天童市）広重美術館（n.d.）「ホームページ」http://www.hiroshige-
　tendo.jp/
・長崎市（n.d.）「シーボルト記念館」http://www.city.nagasaki.lg.jp/
　kanko/820000/828000/p027288.html
・小泉八雲記念館（n.d.）「ホームページ」http://www.hearn-museum-
　matsue.jp/index.html
　焼津市（n.d.）「焼津小泉八雲記念館」http://www.city.yaizu.lg.jp/yaizu-
　yakumo/
・日本フェノロサ学会(n.d.)「ホームページ」http://www.fenollosa.jp/

---

第1章　旅と観光

　なお、編者は文芸研究の専門家ではないが、日本の旅と文芸との関係をより広く・深く・様々な視点から知るために、以下の文献をご参照いただきたい。以下の文献は、いずれも2018年11月現在Webで公開しているものである。

- 青木陽二（2004）『1900年までに日本に来訪した西洋人の風景評価に関する記述』国立環境研究所
- 板坂耀子（1985）「近世紀行文学の要素」『福岡教育大学紀要　第一分冊文科編』34,1-10頁
- 牧野陽子（1990）「松江のハーン（三）: 紀行文と子供のイメージ」『成城大學經濟研究』109,19-47頁
- 森田兼吉（1992）「『土佐日記』論：日記文学史論のために」『日本文学研究』28,27-38頁
- 藻谷淳子（1988）「芭蕉の晩年における西行受容」『日本文學』70,53-65頁
- 長坂契那（2010）「明治初期における日本人初の外国人向け旅行ガイドブック」『慶應義塾大学大学院社会学研究科紀要』69,101-115頁
- 中里重吉（1967）「『おくのほそ道』を通して見た紀行文学の性格」『中央学院大学論叢　一般教育関係』2(1),89-109頁
- 中里重吉（1968）「紀行文学として見た『土佐日記』」『中央学院大学論叢　一般教育関係』3(2),29-53頁
- 中里重吉（1972）「鎌倉時代紀行文学の考察」『中央学院大学論叢　一般教育関係』7(2),49-70頁
- 佐藤未菜（2014）「シーボルトの紀行文とその役割」『STUFE』33,37-46頁
- 佐藤恒雄（1987）「西行四国行脚の旅程について」『香川大学一般教育研究』31,275-289頁
- 菅一弥吉（1966）「芭蕉の俳諧的紀行文の成立過程」『学大国文』10,33-44頁
- 湯之上隆（2013）「旅日記・紀行文と地方社会」『人文論集』63(2),131-149頁

## 1.2. 近代化と観光政策

　旅は見聞を広めるのに重要であり、心を豊かにするものであるが、現代の観光は経済的にもまた重要である。現代の観光を語る上で、産業革命時における輸送機関の発展は欠かせない。それまでの人力や畜力、風任せの交通手段とは違い、蒸気機関や内燃機関による移動手段はより速く、より大量に、より正確な時間での旅を可能にした。イギリスのトーマス・クックは鉄道を用いたパッケージツアーの開始(1841年)に続き、ロンドン万博(1851年)向けの鉄道団体割引ツアーの実施や、世界一周ツアーの売り出し(1872年)など、当時最新鋭だった輸送機関を活用した旅行企画を次々と提供した(朝水2007:40-42)。

　他方、日本では江戸時代に陸上交通のための大型の橋や大型船の建造などが規制されていた。日本ではようやく1872(明治5)年に新橋—横浜間の鉄道が開業したが、明治10年代には路線が伸びたため、長旅を快適に過ごすために、各地で駅弁が誕生した。これは、西洋の技術をそのまま取り入れたのではなく、独自に発展させた一例として評価できる。

　明治期には外国からの国賓の滞在に備え、1890(明治23)年には帝国ホテルが開業した。さらに、外国人旅行者を迎える「漫遊」機関として1893(明治26)年には喜賓会(Welcome Society)が設立された。喜賓会は1912(明治45)年にはジャパン・ツーリスト・ビューロー(JTBの前身)として再編成されている(朝水2014:41-42)。

　その後、第二次世界大戦により日本における旅は制限されるようになるが、戦後は早くも観光関連法規の整備が見られるようになった。1948(昭和23)年には「旅館業法」や「温泉法」などが整備され、翌1949(昭和24)年には「通訳案内業法」や「国際観光ホテル整備法」、「国際観光事業の助成に関する法律」など、外国人観光客の受け入れ法規が整備された1964(昭和39)年東京オリンピックの前年(1963年)には「観光基本法」が制定され、日本からのアウトバウンド観光も規制が緩和された(朝水2014:49-50)。もちろんオリンピックは世界各地から選手や観客が集まる一大インバウンドのイベントであるが、その時にアウトバウンドの規制緩

第1章　旅と観光

和が行われたことは注目に値する。

## 観光基本法の前文

観光は、国際平和と国民生活の安定を象徴するものであつて、その発達は、恒久の平和と国際社会の相互理解の増進を念願し、健康で文化的な生活を享受しようとするわれらの理想とするところである。また、観光は、国際親善の増進のみならず、国際収支の改善、国民生活の緊張の緩和等国民経済の発展と国民生活の安定向上に寄与するものである。

われらは、このような観光の使命が今後においても変わることなく、民主的で文化的な国家の建設と国際社会における名誉ある地位の保持にとつてきわめて重要な意義を持ち続けると確信する。

しかるに、現状をみるに、観光がその使命を達成できるような基盤の整備及び環境の形成はきわめて不十分な状態である。これに加え、近時、所得水準の向上と生活の複雑化を背景とする観光旅行者の著しい増加は、観光に関する国際競争の激化等の事情と相まつて、観光の経済的社会的存立基盤を大きく変化させようとしている。

このような事態に対処して、特に観光旅行者の利便の増進について適切な配慮を加えつつ、観光に関する諸条件の不備を補正するとともに、わが国の観光の国際競争力を強化することは、国際親善の増進、国民経済の発展及び国民生活の安定向上を図ろうとするわれら国民の解決しなければならない課題である。

ここに、観光の向かうべき新たなみちを明らかにし、観光に関する政策の目標を示すため、この法律を制定する。

出典:衆議院（n.d.）「観光基本法」http://www.shugiin.go.jp/internet/itdb_housei.nsf/html/houritsu/04319630620107.htm,2018 年 11 月 30日閲覧

なお、観光産業の発展のためには優秀な人材が重要である。そのため、1964年の東京オリンピックの前後には、人材育成のため、観光教育が発展した。同オリンピックの開催が決定した1959（昭和34）年には東洋大学にホテル講座が開講し、観光基本法が制定された1963年には同大学の短期大学部に観光科が設立された。立教大学では　1946（昭和21）年にホテル講座が設立されたが、1961（昭和36）年に観光ホテル講座に改組され、1967（昭和42）年には社会学部観光学科が設立された（朝水2016:26）。

　1964年の東京オリンピックの後、1970（昭和45）年の大阪万博や1972（昭和47）年の札幌オリンピックなど、一大イベントが続いたが、日本の観光はインバウンドからアウトバウンド中心に変わっていった。1973（昭和48）年の第一次オイルショックからの立ち直りが早かったことや1980年代後半のバブル経済の到来により、日本はアウトバウンド大国として知られるようになった。1987（昭和62）年には観光政策としては稀有なアウトバウンド政策である、テンミリオン計画が実施された（朝水2014:62）。

　バブル経済時には国内観光も変化した。同じく1987年にリゾート法が制定され、日本全国で巨大なリゾート施設が建設された。同法に基づき、シーガイアやハウステンボス、スペースワールドなど、様々なリゾート施設が造られたが、その多くはバブルの崩壊後に経営破たんや他の経営者への売却等に直面した。

　バブル経済を前提とした観光政策の多くはバブルの崩壊と共に変化していった。他方、1991年末にバブル経済が崩壊したのにも関わらず、円高が続いていたので、日本のアウトバウンド超過の現状はなかなか改善されなかった。アウトバウンドとインバウンドの格差の是正のため、1992（平成4）年にツー・ウェイ・ツーリズム21が導入されたが、あまりインバウンド増加の効果はなかった。

　他方、1994（平成6）年のコンベンション法は有効であったと考えられる。本来、日本やオーストラリアなど、海で囲まれた国は来訪するた

めの交通手段が限られるため、フランスやスペインなど地続きの国々よりも観光客の増加が難しい。そのため、1人あたりの単価が高いMICE（Meeting、Incentive、Conference / Congress、Event / Exhibition）の客を増やすことは外貨収入を増やすために有効な手段である。

　一般の観光客は自腹で旅行を行うが、コンベンション客の場合は勤務先が旅費を支出する場合もあり、比較的物価が高いところでも参加者が期待できる。コンベンション客は個人で来訪しても、決められた会場に集合するため、一般客より比較的少ない通訳で対応が可能である。つまり、円高が続き、通訳ガイドが慢性的に不足していた日本の場合、MICE産業は有望であった（朝水2016:30-31）。

　とはいえ、MICE客よりも一般の観光客の方がより母数が大きい。しかも、バブルが崩壊してから10年が過ぎた時点でも円高傾向が続き、アウトバウンドはインバウンドを上回っていた。市場経済に任せたままではインバウンドが増えないため、日本政府は2002（平成14）年にグローバル観光戦略を策定し、翌2003（平成15）年にビジット・ジャパン・キャンペーン（VJC）を実施した（朝水2016:31-32）。

　さらに、2006（平成18）年には観光立国推進基本法が制定され、2008（平成20）年には観光庁が設立された（朝水2016:33）。観光立国推進基本法の前文には旧観光基本法と同様に観光による国際理解やインバウンド観光による増収などが記載されているが、少子高齢化やグローバル化など、1960年代には見られなかった現状もまた反映されている。

### 観光立国推進基本法の前文

観光は、国際平和と国民生活の安定を象徴するものであって、その持続的な発展は、恒久の平和と国際社会の相互理解の増進を念願し、健康で文化的な生活を享受しようとする我らの理想とするところである。また、観光は、地域経済の活性化、雇用の機会の増大等国民経済のあらゆる領域にわたりその発展に寄与するとともに、健康の増進、潤いのある豊かな生活環境の創造等を通じて国民生活の安定向上に貢献するものであることに加え、国際相互理解を増進するものである。

我らは、このような使命を有する観光が、今後、我が国において世界に例を見ない水準の少子高齢社会の到来と本格的な国際交流の進展が見込まれる中で、地域における創意工夫を生かした主体的な取組を尊重しつつ、地域の住民が誇りと愛着を持つことのできる活力に満ちた地域社会の実現を促進し、我が国固有の文化、歴史等に関する理解を深めるものとしてその意義を一層高めるとともに、豊かな国民生活の実現と国際社会における名誉ある地位の確立に極めて重要な役割を担っていくものと確信する。

しかるに、現状をみるに、観光がその使命を果たすことができる観光立国の実現に向けた環境の整備は、いまだ不十分な状態である。また、国民のゆとりと安らぎを求める志向の高まり等を背景とした観光旅行者の需要の高度化、少人数による観光旅行の増加等観光旅行の形態の多様化、観光分野における国際競争の一層の激化等の近年の観光をめぐる諸情勢の著しい変化への的確な対応は、十分に行われていない。これに加え、我が国を来訪する外国人観光旅客数等の状況も、国際社会において我が国の占める地位にふさわしいものとはなっていない。

これらに適切に対処し、地域において国際競争力の高い魅力

> ある観光地を形成するとともに、観光産業の国際競争力の強
> 化及び観光の振興に寄与する人材の育成、国際観光の振興を
> 図ること等により、観光立国を実現することは、二十一世紀
> の我が国経済社会の発展のために不可欠な重要課題である。
>
> ここに、観光立国の実現に関する施策を総合的か
> つ計画的に推進するため、この法律を制定する。
>
> 出典:電子政府の総合窓口(n.d.)「観光立国推進基本法」http://
> elaws.e-gov.go.jp/search/elawsSearch/elaws_search/lsg0500/
> detail?lawId=418AC1000000117, 2018年11月30日閲覧

　初期の観光開発では交通インフラの整備が重要であるが、現在の日本
の観光はグリーンツーリズム(特に農林水産省)やエコツーリズム(特に
環境省)、あるいはクールジャパンに関連するポピュラーカルチャーのイ
ベント(特に経済産業省)など、多岐にわたっている。そのため、観光庁
は関連する各省庁の調整役としての役割もまた演じている。このようにし
て、バブル崩壊後に日本の観光政策が徐々に整備され、ついに2015(平
成27年)にインバウンドがアウトバウンドを上回るようになった。

## 1.3. 数字で見る国際観光

　ここで、現在の日本における国際観光について、具体的な数字を用い
ながら概説したい。まず、日本における外国人訪問者であるが、東日本大
震災のあった2011(平成23)年など一部の年を除き、増加傾向が続いて
いる(図1.1)。それに伴い、外国人訪問者による消費金額も増加傾向であ
る(図1.2)。

1.3. 数字で見る国際観光

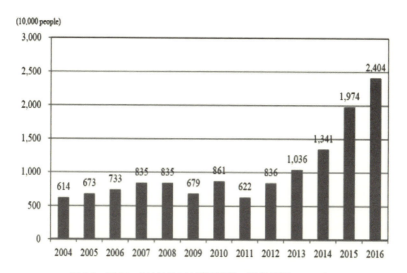

図1.1　日本における外国人訪問者数の推移（単位:1万人）

出典:JTA（2017）*White Paper on Tourism in Japan*, JTA, p.11

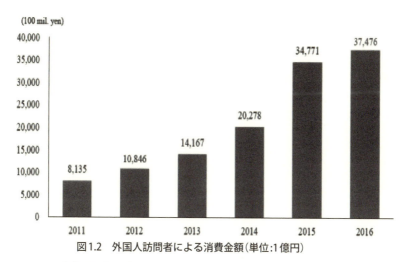

図1.2　外国人訪問者による消費金額（単位:1億円）

出典:JTA（2017）*White Paper on Tourism in Japan*, JTA, p.9

他方、日本人によるアウトバウンド客数は停滞しており、前節で述べたように、2015年にはインバウンドがアウトバウンドを上回るようになった（図1.3）。日本の人口が減少していることや日本の周辺諸国の経済成長を考えると、今後しばらくの間はインバウンド超過の傾向が想定される。

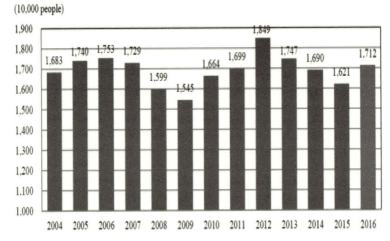

図1.3　日本から海外への旅行者数の変遷（単位：1万人）
出典：JTA（2017）*White Paper on Tourism in Japan*, JTA, p.21

日本の人口減の影響は国内観光でも見られる。日本における宿泊者数を見ると、今のところ日本人の宿泊者が多数を占めている（図1.4）。しかし、日本人の宿泊者数は停滞しており、他方外国人宿泊者数は年々増加しているため、日本の宿泊産業における外国人宿泊客の重要性は年々増している。

日本の宿泊産業には日本人の宿泊者数の停滞に加え、他にも弱点がある。元々、日本人観光客はお盆や年末年始、ゴールデンウィークなど、特定の期間にまとまって休みを取るという傾向があった。逆に言えば、これらのピークのシーズンとそうでない時期とでは客室稼働率が異なり、日本の宿泊施設は年間を通して安定した収入を得られにくい状況が続いていた。しかしながら、さらに悪いことに、近年の日本人宿泊者は8月のみ極端に集中する傾向が見られる(図1.5)。

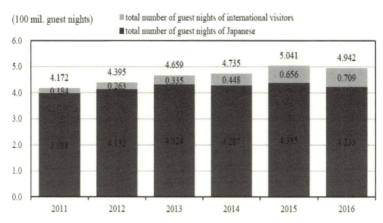

図1.4　日本における宿泊者数の変遷(延べ宿泊日数：1億)

＊下部は日本人、上部は外国人の宿泊日数

出典:JTA (2017) *White Paper on Tourism in Japan, JTA, p.24*

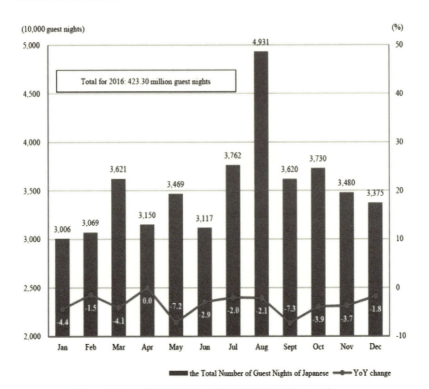

図1.5. 日本における月別日本人宿泊者数（2016年：1万人）

＊折れ線は前年比

出典：JTA（2017）*White Paper on Tourism in Japan*, JTA, Appendix-7

　他方、中国における春節（2月上旬）や国慶節（10月上旬）の長期休暇に見られるように、旅行シーズンは国によって異なっている。日本の旅行シーズン以外に諸外国、しかも複数の国々から訪問者を受け入れることは、日本における宿泊産業の安定した経営にもつながってくる。事実、日本における外国人宿泊者数は年間を通して月別変動が少ない（図1.6）。

おわりに

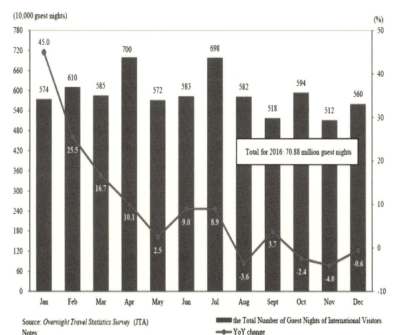

図1.6. 日本における月別外国人宿泊者数（2016年:1万人）
＊折れ線は前年比

出典:JTA（2017）*White Paper on Tourism in Japan*, JTA, Appendix-8

第1章　旅と観光

## おわりに

　以上、本章では、日本における観光や、広い意味での旅の形態の移り変わりについて概説してきた。旅に関する文献は万葉集の時代からすでに見られるが、もちろん当時の旅と現代の観光は異なっている。しかし、平安時代の西行を江戸時代の芭蕉が尊敬し、旅の風景をモチーフにした広重の作品を扱った記念館が現在日本各地に見られるように、旅に関するあこがれは時代を超えることもある。

　他方、個々人の旅だけでなく、現代社会ではその旅の総体が巨大な産業にまで発展している。その観光産業は時代と共に変化してきた。日本はバブル期にはアウトバウンド国として知られていたが、現在では日本におけるインバウンド客数はアウトバウンドを上回っている。これらの経済的・政治的な変容を十分理解するためには、国内の社会背景だけでなく、海外事情もまた考慮に入れなければならない。

## 参考文献

朝水宗彦（2016）『集客交流産業と国際教育旅行』くんぷる

朝水宗彦（2014）『新版　持続可能な開発と日豪関係』くんぷる

朝水宗彦（2007）『開発と環境保護の国際比較』嵯峨野書院

電子政府の総合窓口（n.d.）「観光立国推進基本法」http://elaws.e-gov.go.jp/search/elawsSearch/elaws_search/lsg0500/detail?lawId=418AC1000000117, 2018 年11 月30 日閲覧

JTA (2017) *White Paper on Tourism In Japan*, JTA

衆議院（n.d.）「観光基本法」http://www.shugiin.go.jp/internet/itdb_housei.nsf/html/houritsu/04319630620107.htm, 2018年11月30日閲覧

# 2章

# 観光とイメージ

江村 あずさ

## はじめに

　人がとある物事にたいして抱くイメージというのは、その物事の事実とは異なる。なぜならばイメージとは人の主観から見ているからである。しかしながら旅行に行く際には未だに、訪問する国や地域に固定化されたイメージが存在していることが予想される。さらに、その固定化されたイメージは観光地選択の際に影響を及ぼすとのではないかと考えられる。

## 2.1.　観光欲求と観光動機に関する先行研究

　ここで、観光客の心理に関する先行研究について述べる。前田(1995)[1]は、観光欲求や観光動機に関する先行研究をまとめている。1935年にドイツのグリュックスマンが「観光欲求・動機を、観光成立の"基本条件のひとつ"として重視すべきであると考え、1935年に発表した『一般観光論』において"観光の原因"を分析し、旅行者側にある原因を『心的』、『精神的』、『肉体的』、『経済的』の4つに」[2]分類を行った。日本でも1950年に田中喜一がグリュックスマンの研究を基にして観光欲求・動機の分類が行われた。

　しかし、前田(1995)[3]によると、これら観光動機を分類するには限界が

---

1　前田勇(1995)『観光とサービスの心理学　観光行動学序説』学文社 65 頁。
2　前田(1995)『前掲書』65 頁。および 前田勇・橋本俊哉(2006)「第 12 章 観光行動を成立させるもの」前田勇編『現代観光総論 第三版』学文社 114 頁
3　前田(1995)『前掲書』66 頁

第2章　観光とイメージ

あると述べている。なぜならば、欲求や動機は、行動をしてから、それが満足されることにより原因として顕在化されるものであるからだとしている。つまり、行動を説明するために欲求や動機を設定することはきりがなく、人の行動が同じ欲求や動機であるといったことはない。

　観光行動の結果から、その原因としての観光欲求や観光動機の原因を追求することはきりがない事であるが、観光行動をするまでに観光をしたいという欲求は発生する。その際には、アメリカの心理学者マズローの5段階欲求説がよく取り上げられている[4]。この5段階欲求説とは、図ではしばしばピラミッドの形で表現され、低次欲求から「生理的欲求」、「安全の欲求」、「所属と愛情の欲求」、「承認の欲求」、「自己実現の欲求」の高次欲求へと階層ができており、低次の欲求が満足されると次の段階の欲求がでてくると考えられている（図2.1）。そして観光欲求や観光動機は5段階欲求説の各段階から結びつくとされている。前田・橋本(2006)[5]によれば「今井省吾らは若者の『旅行動機』の分析を行い、現代人が観光に赴く動機には『緊張解除の動機』、『社会的存在動機』そして『自己拡大達成動機』の3つの因子があることを指摘したが、これらはマズローによる欲求構造の説明の3つのレベルと対応していると考えられ、観光が人間のさまざまな欲求と関わっていることを示しているといえる」と述べている。観光に対する欲求は、人が生きていく中で発生する欲求段階のいずれからも発生することがわかる。

---

4　前田勇・橋本俊哉（2006）「前掲稿」114頁　および 宮原英種・宮原和子（2001）『観光心理学を愉しむ』ナカニシヤ出版。
5　前田・橋本（2006）「前掲稿」115頁
6　前田・橋本（2006）「前掲稿」115頁

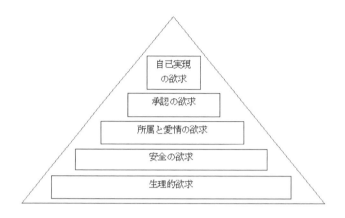

図2.1　5段階のピラミッド
出典：先行研究を元に著者作成。

## 2.2. マクロデータから見た日本人と観光

　ここで、日本人が理想としている観光について、JTB総合研究所が行っている「海外旅行実態調査」とを元に明らかにする。「海外旅行実態調査」は、毎年2月インターネットによって、前年に海外旅行を経験した15歳以上の東京都、大阪府、愛知県居住者4000人に対して行われている。[7]

　2012年には「お金や時間が自由に使えるとしたら、あなたは"どこへ"、"どのような"海外旅行をしたいか」という質問を自由記述にて調査している。この質問をテキストマイニングでまとめた結果は以下のとおりである（図2.2）。テキストマイニングとは、「ソーシャルメディアやウエブ上の口コミなどの大量の文字情報を自然言語処理などで分析し、有効な情報を抽出する技術」である。[8]

---

[7] JTB総合研究所（2013）『JTB REPORT 2013　日本人海外旅行者のすべて』表紙見返し頁。および、磯貝政弘（2011）「＜連載＞『JTM海外旅行実態調査』から海外旅行とデスティネーションの魅力を探る　第1回　日独就航150周年を迎えるドイツと旅行者数がヨーロッパ3位に躍り出たベルリン」 http://www.tourism.jp/column-opinion/2011/03/survey-of-overseas-travel-01/　2014年1月2日閲覧。　有効回答数は毎年2千数百人程度である。

[8] デジタル大辞泉（n.d）「テキストマイニング」ジャパンナレッジにて検索 http://japanknowledge.com/lib/display/?lid=2001026024400　2015年1月2日閲覧。

第2章　観光とイメージ

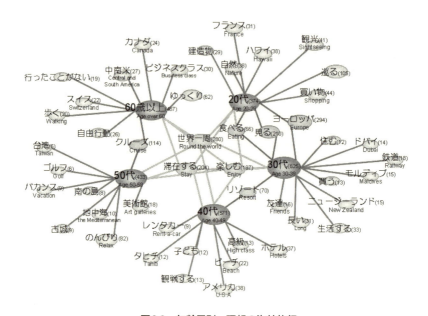

図2.2　年齢層別　理想の海外旅行
出典：JTB 総合研究所（2013）『JTB REPORT 2013　日本人海外旅行者のすべて』70 頁

　これをみると、全世代に共通して「世界一周」を望んでいる人が多いことがわかる。世代別にみると、20代と30代に共通して理想の海外旅行だと思われているのは「ヨーロッパ」、「見る」、「食べる」である。また、30代と40代に共通して理想の海外旅行だと思われているのは「リゾート」である。50代と60代以上で共通している理想の海外旅行だと思われているのは「クルーズ」である。
　各年代の望む観光を明らかにすると、20代では「巡る」や「買い物」がでてきている。また30代と共通して望まれていたヨーロッパの中では「フランス」のみが具体的な国名がでてきている。そのため、20代は余暇目的で観光地を訪問し、ショッピングを楽しみたいことが考えられる。30代は、「長い」や「生活する」がでてくる。そのため、20代のように訪問地で活発に観光地を巡るよりも、長い期間滞在することや、海外で生活す

ることに憧れていることが考えられる。40代では、「ホテル」や「ビーチ」や「高級」がでてくることから、リゾート地で贅沢だと感じられる観光に憧れることが考えられる。50代では、「のんびり」や「南の島」や「地中海」がでてくる。そのため、暖かい地域を訪れのんびりすることに憧れていることが考えられる。60代は「ゆっくり」がでてくる。ほかにも、「自由行動」や「歩く」がみられることから、観光地では自分の見たいものをゆっくり見て回ることに憧れていることが考えられる。

## 2.3. 観光と観光行動

　次に、観光と観光情報の関連性について述べる。本節では、観光行動について心理学の視点から述べる。なぜならば、ビジネス観光などの目的地や行動内容がある程度決められている観光を除いて、観光地に行くまでには、時間的、費用的、経済的制約などの観光者の持つ条件が存在する。この条件のほかにも観光地に実際に行くまでには、観光地選択、情報収集などの過程を経てようやく観光行動をする。

　「情報」と「イメージ」を定義すると、「情報」は一つの物事を発信者側から見た場合であり、「イメージ」は一つの物事を受信者から見た場合である。そのため情報は受け取り手によってイメージが変化する。

　人が観光行動をするまでには前田（1995）[9]によると、3つの条件と、2つの要因が必要である。3つの条件は「時間（一般的には余暇時間）」と「金銭（費用）」と「情報」である。この条件が揃ったうえで、観光地の情報を得るための通信機器や観光地に行くまでの交通網など人と観光を結びつける存在があれば観光行動は成立される。2つの要因は「個体側の要因」[10]とそれをとりまく「環境側の要因」である。この2つは人が行動をするために必要な要因だとされている。観光においても行動に必要な要因は当てはまり、個体（観光者）をとりまく環境（旅行会社）などの働きかけにより、観光者が観光行動をおこすことにもつながる。また、観光の条件である費

---

9　前田勇（1995）『前掲書』67頁

10　前田・橋本（2006）「前掲稿」116頁においては「主体側の要因」と「環境的な条件」と
　　表現が少し異なるが同じことが書かれている。

第2章　観光とイメージ

用や時間ができることにより、観光行動が生起されやすくなる。

　「情報」は観光行動が成立する条件の1つにもなっている。前田・橋本（2006）[11]は「観光意欲の具体化に過程において、『情報』は重要な意味を持っている。観光対象に関する情報、観光事業および社会一般からの情報には、観光行動を誘導するだけではなく、観光にかかわる欲求そのものに作用して観光意欲を高めている。その意味で、観光に関する情報は、観光行動の生起と密接な関係をもっているといえる。」と述べている。また宮原・宮原（2001）[12]は、マズローの5段階欲求には動物的ではなく人間的な行為が観光行動や動機につながり、そのためには情報が非常に需要な要素と述べている。そのうえで「観光行動、あるいは、観光への動機は、その人が観光対象をどのように『情報』としてとらえ、認識するかにあります。その『情報』によってその人がどのような『イメージ』をつくり出すか、です」と述べ、情報を人が認識することによりイメージに変化し、観光行動に影響を及ぼすとしている。

　観光欲求もしくは観光行動に関係しているイメージとは、一般的に「心に思い浮かべる像や情景。ある物事についていだく全体的な感じ。心象。形象。印象。また心の中に思い描くこと」と定義されている[13]。ほかにも「記憶しているもの、あるいは、刺激対象が目の前にないときなど思い出してふたたび表現する[14]」という意味もつけられている。前田（1995）[15]はアメリカの経済学者ボールディングがイメージを広義的にとらえ、一般理論を展開したとして、以下のように紹介している。

---

11　前田・橋本（2006）「前掲稿」116頁
12　宮原英種・宮原和子（2001）『前掲書』53頁
13　デジタル大辞泉（n.d.）「イメージ」ジャパンナレッジにて検索　http://japanknowledge.com/lib/display/?lid=2001001189600　2014年12月10日閲覧
14　日本大百科全書（n.d.）「イメージ」ジャパンナレッジにて検索 http://japanknowledge.com/lib/display/?lid=1001000022569　2014年12月10日閲覧
15　前田（1995）『前掲書』98頁

> 「彼はイメージを"知識の主観的側面"あるいは"現実と信じられて
> いる主観的世界"を意味するもの」としている。そして「ボールディ
> ングのイメージ論は、［情報（メッセージ）→イメージ→行動］とい
> う行動図式を前提とし、イメージは外界からインプットされる情報に
> よって形成され、さらに行動はイメージによって影響されるという考
> えかたをとっている。彼は、広い意味でのコミュニケーション過程に
> おける"媒介的存在"をイメージ概念によって包括的にとらえている
> のであり、イメージ論としてだけではなく、一般的な"行動論"ある
> いは"情報論"としての性格を併せたものになっている。」
> 出典：前田（1995）98頁

　前田（1995）以外にも、宮原・宮原（2001）においても、行動はイメー
ジによって影響されると述べている[16]。

## 2.4.　観光行動におけるイメージの影響

　前田・橋本（2006）[17]は、「対象となる人や事物に対してある特定のイメー
ジが形成されると、それは情緒性を伴った『主観的評価』（"好き―嫌い"
など）として機能し、"好きな対象"に関する情報を積極的に収集させたり、
消費行動においてある特定の銘柄を選択させたりするなど、観光に規定す
る力をもつようになる」とイメージから情報収集の行動の変化が生じる事
を述べている。前田・橋本（2006）[18]は続けて、「観光は、観光行動そのも
のが複合性・多様性を持つということ、実際の体験をもつまで対象地につ
いて評価できないなどから、イメージに影響されやすい。とくにさまざま
なメディアによって観光情報が入手可能である今日、具体化した観光意欲
の醸成、目的地や宿泊設備の選択などが、観光者の抱いているイメージに
よって規定される部分が大きいと考えられる。」と述べ、イメージが観光
行動に影響することを明らかにしている。そのため、情報に対して良いイ

16　宮原英種・宮原和子（2001）『前掲書』66頁
17　前田・橋本（2006）「前掲稿」116頁
18　前田・橋本（2006）「前掲稿」116頁

メージを持ってもらえれば、観光選択の際にもちろん有利に働くことが予想できる。

ただし、イメージは主観的なものである。ある程度は情報により個人のイメージに影響を及ぼすことができるかもしれないが、経験などにより情報が必ずしも良いイメージに繋がるとはいえない。さらに、イメージが良いから観光行動をすることを論じる事はできない。

宮原・宮原（2001）は、イメージが観光行動の決定に影響するとしているが、観光行動をするかどうかを決定するためには、イメージのような主観的要素ではなく「合理的」で「理性的」な要素も必要であるとしている。宮原・宮原（2001）[19]は「合理的な、理性的な決定を行う心理的な動きを『意思決定』と定義している。この「意思決定」にはさらに2つの「主観的確率」と「効用」という要因が存在している。「主観的確率」は、「観光行動が成立する条件と要因」において、観光行動成立のための条件では情報の他に「時間」と「費用」が必要であると述べた。この2つが主観的確率に含まれる。「効用」は「ユーリティ」とも言い換える事ができるとしている。これは、主観的にみてどれだけ観光欲求を充実させることができるかということである。例えば、観光者の主観で「この期間にこの場所に行くことで満足感が得られるだろう」と考えれば観光行動をする。

「意思決定」に至るまでには3つの段階が存在する。初めに、どこかに行きたいという漠然な意識にある「潜在的意識段階」、次に、観光への意識は持つものの目的地など細かいことが決定していない、もしくは目的地などを漠然と持っている程度の「問題認知段階」、さらに実際に観光を行うための情報を収集する「情報収集段階」があり、これらを経てようやく「意思決定段階」段階となる。

観光行動をするまでには、多くの段階を踏まなければならない。しかしながら、観光行動の条件である「時間」や「費用」は観光者の生活に合わせなければならないが、イメージに関しては、観光者は誰もが持つものであり、経験など環境にも左右されるが、良いイメージ、もしくは良い悪い

---

19　宮原・宮原（2001）『前掲書』75頁

に至らなくても強い印象を持って入れば、問題認知段階に観光地の候補になる可能性も考えられる。

## 2.5.　観光情報の発信者

　観光者になる前段階にあたる観光情報の受信者に対して、観光に関する情報の発信者として、中村（2006）[20]は、サプライヤーとなる旅館を例に挙げ、5つの送り手が存在しているとしている。ここでのサプライヤーとは、「運送機関、宿泊施設、飲食施設、観光施設など旅行を構成するサービスの提供者を指す。旅行商品を企画・造成する旅行会社やツアーオペレーターから見て、素材の供給者という意味」[21]で呼ばれている。

　情報の送り手の1つ目はサプライヤーが独自に広告物を作成・配布をしたり、インターネットにおいてウエブサイトを作成してそこから情報を発信することによるものである。

　2つ目はサプライヤーが所在している自治体やサプライヤーが加盟している観光協会や観光組合が作成するパンフレットやガイドマップ、それからウエブサイトなどに掲載してもらうことである。サプライヤーだけでなく、地方自治体が主体となり送り出すものもここに入る。この送り手の場合の特徴は、情報のひとつひとつが同じ情報量になりやすいことが挙げられる。

　3つ目は旅行会社によるものである。これは、例えばサプライヤーが旅館である場合、旅行会社が情報の受信者に販売する際に旅館の情報を提供してもらうという場合である。ただしこれも2つ目の場合と同じように、他の情報と同じ情報量で提供される可能性が高い。

　4つ目はマス・コミュニケーションによるものである。テレビで紹介されたり雑誌で紹介されたりする場合がこれにあたる。しかし、掲載決定権や編集権はマスコミ側にあり、観光地やサプライヤーの意向に沿わない場合がでてくる。また消費者はマスコミによる情報を信頼度が高い情報とし

---

20　中村哲（2006）「観光と情報」前田勇編『第三版　現代観光総論』65-67頁

21　　JTB総合研究所（n.d.）観光用語集「サプライヤー」http://www.tourism.jp/glossary/
supplier/　2014年12月28日閲覧

第2章　観光とイメージ

て受け取る傾向がある。

　5つ目は、消費者個人の会話やブログの口コミによるものである。情報には実際の利用者からの体験されたものが反映されるが、個人的感情が入りやすく、情報が正確とは限らない場合が生じる。

　ここで、観光情報の媒体について述べる。観光情報の媒体には、紙媒体、電波媒体、電子媒体、ディスプレイの4つが存在している[22]。

　紙媒体は、ガイドブックや雑誌、新聞のほかに観光地のパンフレットやガイドマップなどである。どれも観光者にとって入手が容易であり、観光に行くかどうかを決定する前から、観光地を訪れてからも使用することができる。

　電波媒体は、テレビやラジオである。CMや旅行番組はもちろん、ドラマや映画の舞台となれば観光地を消費者に知ってもらうことができる。中村(2006)[23]は電波媒体の特徴として「テレビ番組やCMは、人びとに観光地を知ってもらい、興味を持ってもらううえで効果があり、旅行の具体的な計画よりも、行くことそのものを決定する以前の段階では大きな影響をもつ」と述べている。

　電子媒体は、インターネットなどである。インターネットの観光情報の媒体としての影響力は年々増加している[24]。また電波媒体では、情報発信者の大小の規模は関係なく、情報発信が簡単に行える利点もある。

　ディスプレイは、道路沿いの看板など、観光地へ誘導するものである。観光情報の媒体は、それぞれ長所と短所があるため、情報の送り手は適切に組み合わせて用いることが求められる[25]。

　次に、観光情報におけるマス・コミュニケーション(以下マスコミと呼

---

22　中村（2006）「前掲稿」68 頁
23　中村（2006）「前掲稿」68 頁
24　中村（2006）「前掲稿」68 頁によれば、( 社 ) 日本観光協会が行っている調査によれば、「旅行に際して参考にするメディア」を毎回複数回答で尋ねており、「インターネット」と回答したのが 2000 年では 7.3% であったが、2005 年には 26.0% まで上昇している。現在ではスマートフォンをはじめとするインターネットが手軽に使える小型機器が普及しつつあり、また無料 Wi-Fi を提供する場所も増えている。そのため今後も観光情報の媒体としてのインターネットの存在は増加されることが予想できる。
25　中村（2006）「前掲稿」68 頁

ぶ）の特徴ついて詳しく述べる。先ほど観光情報を発信するのは、①サプライヤー自身によるもの、②観光協会や観光組合や地方自治体によるもの、③旅行会社によるもの、④マスコミによるもの、⑤消費者自身によるもの、の5つあると述べた。その中でマスコミのみをここで別に取り上げるのは、この中で唯一、観光に携わる企業や団体と消費者以外の立場から発信されているためである。また、中村（2003）[26]によるとマスコミは「情報を発信することをビジネスとしている。そのため、取り上げる観光地の選定においては、製作者の判断が入り込んでくる。また、多くの視聴者・読者の支持を得られるように、信頼性のある情報となる事を重視しているが、マスメディアによって発信される情報は必ずしも観光地への誘客を直接の目的とはしていない」という特徴がある。つまりマスコミは観光地に来てもらうための情報発信ではないことが他の情報発信者とは異なる。しかしながら、マスコミや、観光に携わる企業や団体がマスメディアを通して発信している情報も観光情報の受信者に対し影響を与えているといえる。

　マス・コミュニケーションの定義を再確認しておくと、「新聞、週刊誌、雑誌、書籍、ラジオ、テレビ、映画など、大量の人々に対してコミュニケーションを行う手段であるマスメディアを用いて、人々に影響を与える大量伝達の活動。マスコミとも略称される[27]」である。マスコミは人々に大量の情報を与えるために、マスメディアの種類にもよっては内容が専門的なこともあるが、一般的で平均的な関心や興味が内容の対象となりやすい。[28]そのため情報がステレイタイプ化したりやスポンサーなどの出資源の影響も受けたりする可能性が考えられる。

　マスメディアを通した観光情報の発信による観光地がもたらされるメリットは3つ存在する。[29]1つ目は「観光地の情報が市場にいる観光者に伝

---

26　中村哲（2003）「観光におけるマスメディアの影響　─映像媒体を中心に─」前田勇編『21世紀の観光学』84頁。中村は「マスメディア」としているが、マスメディアは新聞や雑誌の媒体であるため、それを用いて発信しているのはマスコミが正しいと思われる。

27　ジャパンナレッジにて「マスコミュニケーション」と検索。イミダスによる定義づけ
　　http://japanknowledge.com/lib/display/?lid=50010F-106-0048　2014年12月28日閲覧

28　ジャパンナレッジ「マス・コミュニケーション」。日本大百科全書（ニッポニカ）による。
　　http://japanknowledge.com/lib/display/?lid=1001000214691　2014年12月28日閲

29　中村（2003）「前掲稿」85-86頁

第2章　観光とイメージ

達されやすくなる」ことである。マスコミの特徴でも述べたように、マスコミは一度に大量の人の情報を伝達できるためである。2つ目は「観光地側が負担することなく、情報が発信される」ことである。観光地はパンフレット作成など観光者に直接宣伝を行う際の費用の負担がない。3つ目は「観光地が再生される契機となりうる」ことである。マスコミによる情報発信により観光地が広く知らせることができ、それが観光地を注目してもらうきっかけにすることができる。

　反対に、マスメディアを通した観光情報の発信による観光地にもたらされるデメリットは2つ存在する。[30]1つ目は「観光地側の意向とは必ずしも一致しない内容や、意図しない時期に情報が発信されてしまうために、受け入れ態勢が整っていない観光地側に予期せぬトラブルや混乱が発生する危険性がある」ことである。観光地側がマスコミに取り上げてもらうために協力することがある。しかしながら、その情報を取り上げるかどうか、内容、掲載の時期などを判断するのはマスコミが行うため、観光地側の予想できなかったことが起きる可能性をもっている。2つ目は「マスメディアの伝達する情報によって、観光地側の人びとが認識しているものとは異なるイメージを、世間の人びとに植え付けてしまうことがしまうことがある」ことである。観光者のマスメディアを通して見た情報に対する信頼は高いため、観光地側にとっては思っていなかったイメージが定着してしまう可能性が生じる。

　マスメディアを通した観光情報の発信により、観光情報の受信者側である観光者がもたらされるメリットをみると、3つ存在する。[31]1つ目は「未知の観光地を容易に知ることができる」ことである。当然ながらマスメディアにより、知らない地域に関して見たり聞いたりすることによって観光地についての情報が簡単に手に入れることができる。2つ目は「情報によって、未知の観光地へ行く際のリスクを軽減できる」ことである。観光というのは何度も述べたように、多くの時間とお金を消費する。しかも物品

30　中村（2006）「前掲稿」68頁
31　中村（2003）「前掲稿」87頁

36

などとは異なり事前に試すことができない。そのため観光情報をもとに、旅行に行くか、どこに行くか、何をするかという選択がしやすくなる。3つ目は「観光地に対するイメージを形成することによって、旅行の際の意思決定に寄与する」ことである。中村（2003）[32]によると、観光においてイメージは「組織イメージ」と「誘導イメージ」がに分類できるとしている。「組織イメージ」は、観光には直接関係ない新聞などから生じるもので、情報に長年接触していくことにより、ある地域もしくは観光地に対するイメージが形成されるというものである。「誘導イメージ」は広告やプロモーション、それからドキュメンタリーなど観光に直接関係のある情報から生じるもので、長年抱かれたイメージを短期間で変えるものである。メディアを通した情報により、観光地に対するイメージが形成もしくは変化することにより、観光地選択の際に選ばれやすくなることが考えられる。

　反対に、マスメディアを通した観光情報の発信により、観光情報の受信者側である観光者がもたらされるデメリットは3つ存在する[33]。1つ目は「マスメディアの情報がマニュアル（ここでは標準手引書の意味）となることにより、観光者の行動を画一化してしまう」ことである。観光地側のデメリットにも書いたが、マスメディアを通して画一化された情報は、観光地側にとっても観光者側にとってもデメリットになってしまう。2つ目は「観光の疑似体験」ということである。つまり、実際に出かけたときの感動を減じてしまうのである。観光地を選択する際には情報は非常に重要となってくるが、情報を手に入れたことにより観光地に対しての一定の満足感を得てしまい、観光選択地になる優先順位が下がる可能性が考えられる。3つ目は、マスコミによる「一部分の描写のために、情報を受信する観光者に誤解を与えかねない」ことである。つまり、観光地に対する期待と現実のギャップが発生し、観光地に実際に行った際に不満足を引き起こす可能性を持つことにもつながる。パリ症候群はこれに該当する。

　これまでマスメディアを通して発信される情報のメリットとデメリッ

---

32　中村（2003）「前掲稿」87-88 頁
33　中村（2003）「前掲稿」88 頁

第2章　観光とイメージ

トを観光地と、観光情報の受信者である観光者に分けて述べた。先にも述べたように、観光情報を発信するうえでは、情報媒体を上手く組み合わせて発信することが効果的であるといえる。

## 2.6.　各観光地のイメージ
### 2.6.1 グアムの場合

　次に、実際の観光地のイメージについて述べたい。まず、グアムに関する研究では、李計熙（2006）「日本人旅行者から見た旅行先としてのグアムのイメージ」『桃山学院大学総合研究所紀要』31巻3号59-67頁がある。この論文では、グアムを「日本人はアジアで最も海外への旅行頻度が高く、そうした日本人旅行者の間で最も人気の高い旅行先の1つ」としている。また李は、グアムは政府観光局の発表した2002年の観光統計によると「日本からの旅行者の大半は、主に休暇を過ごす目的でグアムを訪れている（82.3%）」と述べている。さらに、日本人がグアムを訪れる主な理由としては「『日本からの距離が近い（59%）』ことと『美しいビーチがある（28%）』」ことであった。[35]

　この論文で明らかにされている事は、観光地のイメージは旅行者の観光地選択において影響力を持ち、観光マーケティングにおいて旅行者のイメージが重要であるとの考えに基づき、「観光目的でグアムを訪れた人から日本人観光客から集めたデータを用いて」実証するものである。

　　李によるデータの取り方については以下の通りである。

> 　グアムのアガナ国際空港、有名ビーチ、観光スポット、観光ホテル、ショッピングセンターなど、海外からの旅行者が多く訪れる様々な観光関連の場所で調査を行って集めた。簡単なサンプリング方法を用い、2004年5月から7月の間にグアムを訪れた韓国人および日本人の旅行者を対象として調査を行った。国籍を確認した後に、調査へ

---

34　李計熙（2006）「日本人旅行者から見た旅行先としてのグアムのイメージ」『桃山学院大学総合研究所紀要』31巻3号　59頁
35　李（2006）「前掲稿」59頁

の協力を得られた回答者に日本語で書かれた自己記入質問票を手渡した。配られた質問票の数は合計310枚であった。記入が未完了の19枚を除き、利用可能な回答として291枚が回答者から回収された。
出典:李(2006) 61頁

このアンケート調査の結果を李は以下のようにまとめている。

　グアムの旅行地マーケティング組織は、これらの旅行を考えている日本人にグアムの価値や安い旅行費用、人々の親しみやすさ、安全で清潔な環境、美しい景観に主眼を置いて伝えるための戦略を構築することが可能だろう。グアム旅行業者は、日本人旅行者の食べ物の好みや旅行先での消費パターンを研究することによって、弱点である「食べ物の質」を強化することもできる。「旅行先の文化的要素」や「スポーツとナイトライフ」は日本のマーケットにとっては考慮すべき重要事項ではないため、文化面での独自性を強調することによってグアムの観光業界がマーケティング効果を得られるとは考えられない。また一方で、現地での運転のしやすさ（レンタカーの手配、保険、交通ルール、地図など）、旅行前または現地で必要な旅行情報が入手できるか、パック旅行や全費用込みのツアーが利用できるか、および、通貨が簡単に両替できるかと言った「利便性」に関する要素については、さらなる改善の必要はない。よって、これらの要素に関するマーケティング資源を節約し、他の部分に回すべきである。
出典:李(2006) 66-67頁

　なお、李の調査は日本人向けに実施されているにも関わらず、韓国人と日本人に声をかけ、アンケートを実施したことには少し疑問が残る。顔や服装で区別がつかなかったため日本人か韓国人に声をかけたのかもしれない。しかし、国籍を確認したとはあるが日本語の質問票に回答した日本人の割合が書かれていない点が問題である。日本語の話せる韓国人は割合

第2章　観光とイメージ

的に少ないため、日本人でまとめられたのかもしれないが、正確性はこの点では欠けると思われる。

### 2.6.2　バリの場合

　バリ島のイメージに関する研究は、佐々木絵里奈（2006）「観光・表象・イメージ　―バリ島へのまなざしの変遷―」『岩手大学大学院人文社会学科研究概要』第15号139頁、および、梅田英春（2008）「芸能の島か癒しの楽園か?―バリ観光における芸能の行方―」、朝水宗彦 編『アジア太平洋の人的移動』オフィスSAKUTA（4-51頁）がある。

　まず、佐々木の論文では「ヨーロッパ人がバリを"発見"してからのヨーロッパ人から見るバリのイメージについて述べられている。佐々木によると、ヨーロッパから見たバリに対するイメージは「"友好的"」から貿易関係や文化の違いにより、正反対の「"狂暴"」へ変化した。時代が進むと新たな「"文化"」発見へと変化しさらに「"性"」のイメージが加わりイメージも多面化してくる。観光が推進されると、悪いイメージは消して発信されるようになり、肯定的なイメージの要素を盛り込んだ。

　また「踊り子」もバリのイメージ要素へ加わった。バリのイメージはバリに住む人々が欧米にイメージされるバリ・イメージを発信していた。佐々木はまとめとして「独立後からは、表現やイメージがゲスト側ではなく、ホストの手によって再生産され、観光の中で利用されている。表象とイメージ、そして観光は密接な関係があり、相互に影響を与えているのである。」としている。

　梅田の論文においては、バリに求める観光のスタイルに大きな変化があるとしている。バリでは60年以上にわたり、バロン・ダンスなどの観光芸能が観光者に好まれるものとして上演されている。しかしながら、今バリではエキゾッチックな観光芸能よりも、癒しを押し出した観光へと変化してきている。梅田は、観光客が芸能を鑑賞しなくなってきたのは「芸

---

36　佐々木絵里奈（2006）「観光・表象・イメージ　―バリ島へのまなざしの変遷―」『岩手大学大学院人文社会学科研究概要』第15号139頁
37　佐々木（2006）「前掲稿」139頁

能自身の内容や、質の問題ではなく、観光における芸能の位置づけの変化と捉えることはできないだろうか」と述べている[38]。つまり、今まではバリ島を訪れる観光者にバリの芸能を見ることが定番化していたが、今ではバリ島に来る目的がほかの物に移ってしまった。それは「癒し」と「ノスタルジア」である[39]。

梅田によると、「最近出版された観光ガイドのキャッチフレーズを見てみると、『癒し』を全面に押し出しているものが多いことに気付く」と述べている[40]。また長いキャッチフレーズ「紺碧の海と緑深い森、神に守られた豊かな自然は、訪れるものに安らぎを与える[41]」には「神」という表現も出てくる。これまでのキャッチフレーズは、「神々の島バリ」と出てきてもそれは芸能の中に登場するような神を想像した。しかし現在のキャッチフレーズにあらわれる「神」は「ヒンドゥーの神というよりはむしろ、超自然的な存在とただ漠然と理解され、それが『スピリチュアル』、そして『癒し』、さらには『リラクゼーション』へ論理展開される」と梅田は述べている[42]。つまり、現在のキャッチフレーズに出てくる神は、本来の意味である神様を想像させるのではなく、バリは神秘的な場所であるので癒されるというようなものというものに変化してきている。

バリにおいて「癒し」がキャッチフレーズの中で言われるようになった背景には、2つの原因が考えられる[43]。一つ目に、アジアの観光客が増えてきたことでアジア人が望むような「ノスタルジー」で癒されることがバリの観光には重要になってきたことが挙げられる。もう一つは、現在は「大量生産・大量消費」の観光から個人型の観光に変わってきたことが挙げら

---

38 梅田英春（2008）「芸能の島か癒しの楽園か?-バリ観光における芸能の行方-」 朝水宗彦編『アジア太平洋の人的移動』オフィスSAKUTA 37頁

39 梅田（2008）「前掲稿」39頁。「癒し」と「ノスタルジア」については、山下真司（1999）『バリ 観光人類学のレッスン』東京大学出版会 145-146頁において述べており、梅田は山下の挙げた「癒し」と「ノスタルジア」に賛成する形をとり、論を展開させている。

40 梅田（2008）「前掲稿」39頁。ここで挙げられているキャッチフレーズは「癒しの楽園で休息時間」「リチャージのための一日」「ヴィラで癒される」「楽園のノスタルジー」である。

41 梅田（2008）「前掲稿」39頁

42 梅田（2008）「前掲稿」39頁

43 梅田（2008）「前掲稿」43頁

第2章　観光とイメージ

れる。その変化の中で個人向けのヴィラなどもでき、「『癒し』や『ノスタルジア』のイメージが誕生し」たとされる。[44]

### 2.6.3　関西都市圏の場合

　関西都市圏に関する研究は、米澤佑一（2006）「文字情報から見た観光地イメージの特性に関する考察：大阪市、京都市、神戸市、奈良県の観光地像」『KGPS review : Kwansei Gakuin policy studies review』6巻133-153頁　関西学院大学　が挙げられる。

　この論文では、観光旅行が一般にされるようになってから、大衆はメディアが伝える情報に従うかたちで観光行動をおこなうようになってきたとして、メディアの伝え方により地域の独自性が判断できると考えている。米澤は大阪市、京都市、神戸市、奈良県を研究対象地としている。その理由として米澤は以下のように述べている。「これらの地域は同じ関西地方に位置しながらそれぞれ独自の表情を持っている。それらの違いがどのように表現されているかを分析することで、地域のイメージの特性をつかみ対象地域が持つ固有の地域イメージを検討する」。[45]

　分析を行ううえでは、米澤は雑誌「るるぶ」からの写真による視覚的な分析と、季刊雑誌「ぴあ」を用いてキャッチフレーズを用いて言語的な分析を、各都市もしくは県ごとに行っている。その結果、歴史的背景が大きく影響し、語句や写真に現れたことが見えてきた。大阪市は長らく、商業の中心、また大都市であることから「都会性を示す言葉」、「ユニーク性を示す言葉」、「目立ちやすいものが絶えず表紙」を飾っていると書かれている。[46]

　京都市では、「歴史性」が多く表現されていた。歴史性では奈良にも優位性があったが、奈良とは異なり「『古都』」という表現により歴史性を強

---

44　梅田（2008）「前掲稿」43頁
45　米澤佑一（2006）「文字情報から見た観光地イメージの特性に関する考察：大阪市、京都市、神戸市、奈良県の観光地像」『KGPS review : Kwansei Gakuin policy studies review』6巻133頁
46　米澤（2006）「前掲稿」147頁

調されていた。また強調する際には「格調高く雅な雰囲気で包んでいる」ようであったと書かれている。[47]

神戸市では、「海洋性」が目立つ結果となった。また「カタカナ語」も多く、「『異国情緒あふれるイメージ』が一般的に知られ、神戸を表すものとして存在感がある事を示している」と考えている。また表紙には「必ず洋風の飲食店の写真」が挙げられており、西洋の流入が早かったためイメージの違いが出たのではないかとしている。[48]

奈良県の場合は、「京都と同じく歴史性を示す語句」が多かったと書かれており、理由として歴史的建造物が多く存在しているからだとしている。また「ユニーク性」のある語句も多いとしており『日本一』といった歴史性を強調する意味での形容表現がみてとれた」としている。また「自然的資源」も多く、「歴史と自然の地域として表現されていることが分かった」と書かれている。[49]

またその他にわかったこととして「写真や言葉から見えた地域の特性として、大阪と神戸は比較的似ている事と、京都と奈良が比較的似ていることが分かった」とされている。[50]

### 2.6.4 九州北部の場合

九州北部では、橋本紗代子（2008）「九州北部の歴史的町並みにおける観光客のイメージ」『国士舘大学地理学報告』16巻107-116頁　が挙げられる。

この論文では、美しい町並みは全国にあるが、どの町並みも特色を持っており、その町並みに対して抱くイメージは全く異なるという考えの元に九州北部における6ヶ所（長崎・平戸・島原・佐世保・有田・門司港）においてアンケート調査を行い、それを分析し、それぞれのイメージを捉え比較している。[51]

---

47　米澤（2006）「前掲稿」149頁
48　米澤（2006）「前掲稿」150頁
49　米澤（2006）「前掲稿」151頁
50　米澤（2006）「前掲稿」152頁
51　橋本紗代子（2008）「九州北部の歴史的町並みにおける観光客のイメージ」『国士舘大学地理学報告』16巻107頁

43

第2章　観光とイメージ

　この結果、長崎のイメージは「明治時代」（29%）「江戸時代」（27%）を
イメージした人が多かった。橋本は「多くの観光客は長崎の街並みを、江
戸~明治時代の外国人居留時代の洋風建築のイメージとして捉えていると
いう事ができ」るとしている。

　平戸では「江戸時代」（42%）「中世」（20%）とイメージしている人が多
く、実際に平戸はポルトガル船によって栄えた町であった。「キリシタン
文化」も残る町並みであるが、橋本は「平戸を日本の街並みとして捉えて
いる人が一番多いと想像される。ただ、中世とイメージしている観光客も
その次に多いのでキリシタン文化の街並みとしてイメージされることも忘
れてはならない」と述べている。

　島原では、「江戸時代」（47%）とイメージしている人非常に多く、次に
「中世」（31%）という結果であった。橋本は「さすがに城下町として知ら
れている島原は、この城下町や武家屋敷のイメージが強く、観光客も城下
町の街並みをイメージしたと考えられる」と述べている。

　佐世保では「昭和（戦後）」（35%）その次に「昭和（戦前）」（30%）のイメ
ージをしている人が多く、橋本は「比較的新しい町並みとしてイメージさ
れていることがわかる」と述べている。

　有田では、「中世」（32%）とイメージしている観光客が多く、続いて
「江戸時代」（23%）であった。橋本は有田を「江戸時代初期から昭和戦前
までの各時代の変遷課程をそのままに表した個性あふれる街並み」だとし
ており、結果について分析の結果「有田は『観光地への憧れ』も『都市性』
も薄い観光地であったために、観光客は有田をあまり栄えていなくて、寂
れた観光地だと思い、実際よりも昔の時代を想像して、このような結果に

---

52　橋本（2008）「前掲稿」113頁
53　橋本（2008）「前掲稿」113頁
54　橋本（2008）「前掲稿」113-114頁
55　橋本（2008）「前掲稿」114頁
56　橋本（2008）「前掲稿」114-115頁
57　橋本（2008）「前掲稿」115頁
58　橋本（2008）「前掲稿」115頁
59　橋本（2008）「前掲稿」115頁

なったのではないか」と考察している[60]。また有田は「焼き物のイメージが先にきてしまい、町並みのことを観光客が知らなかったのではないか」とも考察している[61]。

最後の門司港では、「明治」（31%）「大正」（23%）とイメージしている人が多く、橋本は明治22年の開港以来のハイカラな町として賑わいを見せてきた歴史との整合性を述べている[62]。

## おわりに

本章では、イメージと観光行動について関連性を明らかにした。　人が観光行動をするまでには3つの条件と2つの要因が必要であった。3つの条件は「時間」、「金銭（費用）」、「情報」であった。この条件が揃ったうえで、2つの要因となる「観光者」と「周囲を取り巻く環境」が相互に働くことにより、観光行動をおこす。

観光情報は、観光行動を成立させるうえで重要となっていた。なぜならば、観光情報は観光をするかどうか以前の状態で観光意欲を高め、観光行動を生起することができるからであった。また観光情報が発信されると、受信者はイメージとして処理し、行動はイメージに影響されるようになるからであった。つまり観光情報を発信する際に良いイメージを受信者に持たせることができれば、観光地選択の際に有利に働くことが予想できる。

しかし、イメージは観光者の主観であった。そのため、ある程度は情報により観光者のイメージに影響を及ぼすことができるかもしれないことが考えられた。しかし、情報発信をする以前に別のイメージを持っていれば過去に付けられたイメージと結びつきができない可能性も考えられた。そのためイメージが良いから観光行動を生起するということはいえなかった。そのかわりに、強い印象が残ることにより、行動に影響を与えるということができると考えられる。

60　橋本（2008）「前掲稿」115頁
61　橋本（2008）「前掲稿」115頁
62　橋本（2008）「前掲稿」115頁

第2章　観光とイメージ

　海外と日本の両方の研究からもわかるように、狭い範囲においても観光者は都市ごとに対してイメージを持っている事がわかる。ただし、狭い範囲ではイメージの独自性は生み出されていても、特性は似ることが判明した。ヨーロッパなどの特定地域においても、狭い範囲ではあるが日本国内の範囲よりは広く、各国ごとに独自のイメージを持つことが期待できる。ただし似た特性を持つ地域が存在する可能性も考えられる。

## 参考文献

朝水宗彦編（2008）『アジア太平洋の人的移動』オフィスSAKUTA

橋本紗代子（2008）「九州北部の歴史的町並みにおける観光客のイメージ」『国士舘大学地理学報告』16巻、107-116頁

磯貝政弘（2011）「＜連載＞『JTM海外旅行実態調査』から海外旅行とデスティネーションの魅力を探る　第1回　日独就航150周年を迎えるドイツと旅行者数がヨーロッパ3位に躍り出たベルリン」　http://www.tourism.jp/column-opinion/2011/03/survey-of-overseas-travel-01/　2014年1月2日閲覧

JTB総合研究所（2013）『JTB REPORT 2013　日本人海外旅行者のすべて』JTB

李計熙（2006）「日本人旅行者から見た旅行先としてのグアムのイメージ」『桃山学院大学総合研究所紀要』31巻3号、59-67頁

前田勇（1995）『観光とサービスの心理学　観光行動学序説』学文社

前田勇編（2003）『21世紀の観光学』学文社

前田勇編（2006）『現代観光総論 第三版』学文社

宮原英種・宮原和子（2001）『観光心理学を愉しむ』ナカニシヤ出版

佐々木絵里奈（2006）「観光・表象・イメージ　―バリ島へのまなざしの変遷―」『岩手大学大学院人文社会学科研究紀要』第15号、139頁

米澤佑一（2006）「文字情報から見た観光地イメージの特性に関する考察：大阪市、京都市、神戸市、奈良県の観光地像」『KGPS review : Kwansei Gakuin policy studies review』6巻、133-153頁

# 3章

# 発見される里山：針江

韓 準祐

> 覚えていますか。あの日のときめき、日本には、かつて、至るところに豊かな水辺の暮らしがありました。斜面に広がる田んぼや小川、雑木林、昔ながらの身近な自然は、里山や里地と呼ばれています。人里を潤す水辺も、そうした環境の一つです。そこには、沢山の生き物が人の傍らで命を繋いでいます。人びとは、様々な水の恵みを受けて暮らしてきました。私たちの暮らしが、少しずつ自然から遠ざかっていくいま、身近な生き物たちの世界が改めて注目されています。里山には、人が自然とともに生きるための知恵が隠されています。人と自然が織り成す、命きらめく水の里の一年を見つめます。

## はじめに

上記の文は、NHKスペシャル映像詩『里山Ⅱ―命めぐる水辺』の冒頭で語られるものである。同ドキュメンタリーは、人と自然が共存する「里山」に焦点を合わせ、その模様を丹念に記録した「映像詩里山」シリーズの一つである。『里山―覚えていますか ふるさとの風景』（1999年2月7日放映）、『里山Ⅱ―命めぐる水辺』（2004年4月3日放映）、『里山―森と人響きあう命』（2008年9月21日放映）と続く同シリーズは、滋賀県大津市出身の写真家、今森光彦氏の協力のもとで制作され、「里山」への関心を高める媒体として機能した。

特に、滋賀県高島市新旭町針江地区の川端、中島での漁、ヨシ原な

第3章　発見される里山：針江

ど、人と自然、動植物が共存しながら営みを続けていく様子を描いた『里山Ⅱ―命めぐる水辺』は、日本国内にとどまらず、韓国、台湾などアジアの国々を含む国外でも放映され、国内外から高い評価を受けるとともに大きな反響を呼んだ。

『里山Ⅱ―命めぐる水辺』の放映後、針江地区に見学者が訪れるようになったことで、同地区の有志が「針江生水の郷委員会」を組織し、地域における水利用や環境とのかかわり方を説明する活動を始めた。

外部から針江地区に訪れる人々の主な関心は、伝統的な水利用システムである川端に集まっている。針江地区に残されている生活文化の象徴ともいえる川端は、湧水を飲料・炊事等の生活水として使用する水利用システムで、元池（湧水が出処）・壺池（元池からの湧水を一旦ためて、飲料・洗顔等に使う所）・端池（壺池から溢れ出す水が水路及び川と繋がる場所）によって

図3.1　針江地区・中島の風景
（長井泰彦氏提供）

---

1　第57回イタリア賞のテレビドキュメンタリー文化・一般番組部門／イタリア賞（最優秀賞）、第38回アメリカ国際フィルム・ビデオ祭の環境問題部門教育部門／クリエイティブエクセレンス賞、第11回上海テレビ祭の自然ドキュメンタリー部門／マグノリア賞、第1回ワイルドサウス国際映画祭／グランプリ(Best of Festival)、第28回国際野生生物フィルムフェスティバル／グランプリ(Best of Festival)・最優秀賞優秀脚本賞・優秀撮影賞・優秀音楽賞、第48回ニューヨーク・フェスティバル2005のテレビ番組自然・環境部門／金賞（最優秀賞）（映画『里山』公式ホームページ、http://satoyama.gaga.ne.jp/、2012年12月14日閲覧）。

2　針江地区では、湧き水を生まれる水という捉え方で生水と書いて「しょうず」と読む。

構成されている。地域に張り巡らされている水路に各家屋内外にある川端がつながっているため、川端から水路に出る水は汚さないという暗黙のルールが受け継がれてきた針江地区では、簡易水道が普及された今でも湧水を飲料・炊事などのため使い続けている住民が多く、川端も約110箇所残っている。

**図3.2　川端　（筆者撮影）**

　筆者の関心は、上水道の敷設とともに、否定的視点から語られることの多かった川端が、如何なる過程を経て、「里山」の表象の中核的な要素として捉えなおされたかという点である。これまで近代化に伴う川の水利用やその生活文化の変化や水のイメージに関する研究は見られるが、川端という伝統的水利用システムを含む針江地区の生活文化が如何なる過程を経て、「里山針江」のシンボルとして発見されたかに関する考察は行われていない。

　『里山Ⅱ—命めぐる水辺』というドキュメンタリーの放映によって、針江地区における水資源利用及び環境へのかかわり方に国内外から注目が集まったことは確かである。しかし、1970年代後半における琵琶湖周辺

---

3　嘉田由紀子「水利用の変化と水のイメージ—湖岸域の水利用調査より—」（鳥越皓之・嘉田由紀子編『水と人の環境史—琵琶湖報告書』、御茶の水書房、1985、所収）、205-240頁。

49

第3章　発見される里山：針江

地域の調査を基に生活者の環境へのかかわり方を評価する生活環境主義が
提唱されたこと、またその研究グループの一員で、1980年代後半から地
域住民による環境に関する研究を促してきた「水と文化研究会」の代表を
務め、2006年に滋賀県知事に就任した嘉田由紀子氏や針江地区出身で新
旭町議会委員、新旭町長、高島市長を歴任した海東英和氏による川端に対
する評価も考察する必要がある。さらにエコツーリズム大賞、重要文化的
景観、日本遺産といった「お墨付き」を与えた政府のかかわりも看過でき
ない。そこで本稿では針江地区を中心とする多様なアクターのかかわりの
一端を年代別に整理し、針江地区が「里山」として発見され、表象される
過程を探ることにする。

　3.1節では、まず、用語としての里山の変遷について記述し、次にメデ
ィアや研究領域における里山への注目を、使用される頻度の年度別推移
から確認する。3.2節では、針江地区の概要を記述し、同地区に焦点を当
てた先行研究を整理する。3.3節では、1980年以前から2000年以降まで
を4つの時代に区分し、どのような過程を経て、針江地区が地域外部から
「里山」とした表象され、住民自らもエコツアーの案内役を担うようにな
ったかを整理する(時代区分は互いに連続し、部分的に重なる)。後に研究
成果をまとめる。

## 3.1.　里山に集まる関心と捉え方の変化

　地域に根付いた文化を保存する時代から、その活用に関心が集まる今
日、観光資源の発掘に力を入れる自治体や地方を生活の場とする人々は数
多い。そんななか、「里山」は、「ふるさと」と「原風景」といった表象群
とともに、人びとの営みと自然が調和された理想的な農山村を意味する、
いわば資源化される農山村を象徴する用語として使われている。そもそも
「里山」はどのように定義されてきたか。堂下は、「人里近くにあって人々
の生活と結びついた山・山林 ⇔「奥山」：人里と離れた奥深い山・深山」[4]

---

4　新村出編『広辞苑 第5版』、1998、岩波書店。

という広辞苑の定義に触れた後、深町・佐久間の定義を引用しながら、「雑木林やため池、田圃、集落などを含んだ環境のセット」がエコツーリズムやグリーンツーリズムで対象となっており、この場合、里山・奥山の区別はせず、人が歴史的に活用し、共生してきた環境、言い換えれば農山村全体を指すと述べる[6]。

そのような里山の変遷を堂下は、戦後の朝日新聞記事の内容から読み取ろうとする。彼女によると、1980年代までほとんど「里山」というキーワードが使われていなかったが、1980年代半ばから、森林保全に関するシンポジウムやセミナーの紹介記事のなかで、里山という用語が表われるようになったという[7]。さらに彼女は、1990年代前半には、ゴルフ場などの開発反対や自然保護を訴える動きのなかで里山が取り上げられ、愛知万博誘致の是非をめぐる論争が活発化する1995年以降、里山に関する記事が急増し、その議論のなかで、反対派によって里山が、単なる雑木林ではない、「貴重な、身近な、人と共生してきた包括的な自然」として捉えなおされたと述べる[8]。

1990年代以降の里山に関する関心の高まりは、他のメディアからも確認できる。例えば、毎日新聞においても「里山」、「さとやま」の言葉が使われる頻度は1990年代後半から急速に増えた[9]。「SATOYAMA」という英語の表現が、掲載・出版された新聞、学術誌、業界紙、電信記事、学位論文の合計数も、1970年代に1件、1980年代には見られなかったが、1990年代に22件、2000年代に201件、2010年から2016年10月

---

5　①農業や農村の生活との関連で利用される薪炭林など、人為的な影響のもとで形成され管理される森林、②平地農村から農山村にある森林、③二次林の主要な成立基盤である丘陵地に視点をしぼったもの、④雑木林やため池、田圃、集落などを含んだ環境のセット（深町加津枝・佐久間大輔「里山研究の系譜―人と自然の接点を扱う計画論を模索する―」、ランドスケープ研究61(4)、1998、276-280頁）。

6　堂下恵「里山の資源化―京都府美山町の観光実践より―」（山下晋司編『資源化する文化』、弘文堂、2007、所収）、281頁。

7　堂下恵『里山観光の資源人類学―京都府美山町の地域振興』、2007、新曜社、33-80頁。

8　前掲7)

9　「里山」「さとやま」が毎日新聞記事の見出しに使われる頻度を算出した（毎日 News パック、https://dbs.g-search.or.jp/aps/WMNP/main.jsp?ssid=20161016164321594gsh-ap03、2016年10月16日閲覧）。

第3章　発見される里山：針江

18日まで554件と急増した[10]。日本語の「里山」「さとやま」と英語表記の「SATOYAMA」という言葉が使われる頻度の増加時期には、若干のズレが見られるものの、毎日新聞の記事の「里山」「さとやま」の掲載件数と研究領域やメディアにおける「SATOYAMA」の出版・掲載件数の合計からは、1995年代以降「里山」への注目が集まったことはいえるだろう。

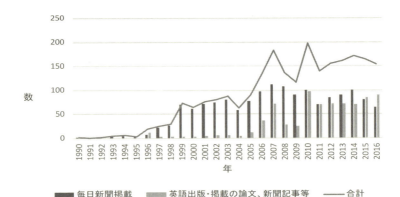

図3.3　「里山」「さとやま」「SATOYAMA」の使用頻度の推移
出典：毎日NewsパックとProQuestの検索結果に基づき筆者作成

このように1990年以降「里山」に注目が集まる背景には、持続可能な開発へのパラダイム転換、エコロジー思想の普及、アウトドアブーム等が考えられる。加えて、「里山」、「SATOYAMA」の使用頻度の増加が顕著になる2004年と2009年は、「文化的景観」、観光政策の転換期と重なる。菊地[11]は、棚田の前景化される要因として、世界遺産の影響を受け2004年「文化的景観」というカテゴリが文化財保護法に追加されたこと、WTO体制下、農政が「文化」「環境」政策へとシフトする流れについて言及しているが、里山という表象全般に関連する指摘として捉えられよう。さらに、

---

10　「satoyama」で検索した結果（ProQuest、http://search.proquest.com/results/279E469FEBE146BEPQ/1?accountid=130155、2016年10月17日閲覧）。
11　菊地暁「コスメティック・アグリカルチュラリズム―石川県輪島市「白米の千枚田」の場合―」（岩本通弥編『ふるさと資源化と民俗学』、吉川弘文館、2007、所収）、86-104頁。

小泉内閣の下、観光まちづくりが政策化され、2007年には「観光基本法」（1963年制定）を改正した「観光立国推進基本法」が施行され、翌年の2008年には観光庁が発足されたことで、観光による地域振興を図る取り組みが日本全国の地方社会において活発化されるなか、魅力的な農山村を描く上で「里山」が主要な表象となってきたことも確かである。なお、「里山」「SATOYAMA」の用語の使用頻度の急速な増加傾向が見られた1998年、2004年、2009年は、冒頭で記述したNHKの「里山シリーズ」の放映年度（1999年、2004年、2008年）とほぼ同時期であることからも、その関連性が伺える。

## 3.2. 針江地区の概要と先行研究

　滋賀県高島市新旭町針江地区は、比良山系の東側、琵琶湖の西側に位置している、総戸数170戸、面積60 haからなる規模の大きな農村集落である。比良山系の地下水と安曇川の伏流水が流れ、湧水が豊富で、同地区の中心部を通る針江大川の河口付近の沖合200~300m付近には、弥生時代からの湧水が利用されたことを証明する針江浜遺跡がある。[12] 針江地区には約600名が生活しており、新旭町における道路交通網の発展やJRの利便性の向上に伴う駅周辺土地区画整備事業や、民間の住宅開発が相まって、転入者の増加が見られる。[13] 高島市の2010年9月から2011年2月にかけての住民登録に基づく統計では、全人口対65歳以上の割合、高齢化率は、26.94%から26.98%を維持していた。[14] 新旭町では繊維産業が発達したが、針江地区も例外ではなく、針江地区の住民によると、昭和30年代から50年代までは撚糸や扇骨業を家内工業とする世帯が3分の2以上だったという。しかし、最近は約7割が民間の会社などへ勤務するサラリーマンの世帯となり、生業の変化が見られる。[15]

---

12　高島市新旭地域のヨシ群落および針江大川流域の文化的景観保存活用委員会編『「高島市針江・霜降の水辺景観」保存活用事業報告書』、2010

13　新旭町企画広報課『人と自然が錦織りなすまち―第4次新旭町総合計画』、2001、15頁。

14　高島市役所の公開データ（2011年）。

15　小坂育子『台所を川は流れる―地下水脈の上に立つ針江集落』、新評論、2010、83頁。

第3章　発見される里山：針江

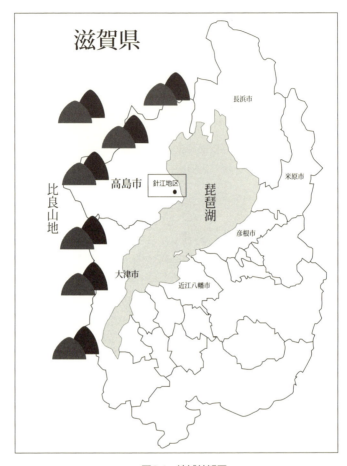

図3.4　地域外観図
フリー白地図http://www.freemap.jp/itemFreeDlPage.を基に作成

　琵琶湖周辺に生活する人々の環境とのかかわりや生活文化に焦点を当てる研究は蓄積されてきたが、針江地区に焦点を当て取り上げた研究は2004年以降顕著になる[16]。例えば、建築工学的視点からの針江地区の川端

---

16　2004年以前に行われた研究としては、針江弥生式遺跡や針江浜遺跡に関する研究が挙げられる。①横山卓雄他「琵琶湖北部針江浜遺跡の湖底粘土の堆積環境とそれに含まれる火山ガラスの堆積年代」、京都大学教養部地学報告23、1988、9-17頁。②横田洋三「針江浜遺跡検出の地震の痕跡」、古代学研究143、1998、45-48頁。

の利用実態や集落との関係の分析[17]、モノケの分析[18]、また、水辺景観における景観構成要素の成り立ちの分析[19]が行われてきた。一方、田中ほかによる琵琶湖沿岸ヨシ群落の植物種構成による再生評価手法の考察[20]、牧野によるヨシ帯保全に焦点を当てた自然と人間の関係を探る考察[21]も進められてきた。観光という側面に関しては、西尾・藤田によって、針江地区に加え、滋賀県米原市、岐阜県郡上市八幡町における水路を利用した集落の観光化の分析[22]が行われ、翌年には、沓掛・敷田によるエコツーリズムの対象地域として、長野県信濃町と針江地区の発展プロセスの比較分析も行われてきた[23]。さらに近年には、野田による観光まちづくり研究とコミュニティビジネスの枠組みからの考察も行われた[24]。

## 3.3. 「里山」として発見されるまで

### 3.3.1 「利用しながら手入れするシステム」:1980年以前

　水や自然環境を生活の一部として身近に感じることはほとんどできない今日において、針江地区が注目される理由は、その距離感の近さにあるといえる。以下では、「高島市針江・霜降の水辺景観」保存活用事業報告書の内容を引きながら、かつて針江地区で見られた「利用しながら手入れ

---

17　内木摩湖・石川慎治・濱崎一志「滋賀県高島市針江地区におけるカバタについて」、日本建築学会大会学術講演梗概集、2008、615-616頁。

18　村上慶太・石川慎治・濱崎一志「滋賀県高島市針江地区におけるモノケについて」、日本建築学会大会学術講演梗概集、2008、613-614頁。

19　北澤大祐「滋賀県高島市新旭町針江地区の水辺景観における景観構成要素の成り立ち」、日本建築学会大会学術講演梗概集、2009、469-470頁。

20　田中周平・藤井滋穂・西川淳ほか「琵琶湖沿岸ヨシ群落の植物種構成による再生評価手法の検討」、環境衛生工学研究18(4)、2004、11-20頁。

21　牧野厚史「ヨシ帯保全における自然と人間との適度な関係」、滋賀大学環境総合研究センター研究年報5(1)、2008、1-12頁。

22　西尾崇志・藤田大輔「水路を利用した集落の観光化に関する考察」、日本建築学会大会学術講演梗概集、2007、413-414頁。

23　沓掛博光・敷田麻実「エコツーリズム推進における適地性と発展プロセスの比較研究」、日本観光研究学会全国大会学術論文集23、2008、201-204頁。

24　①野田岳仁「観光まちづくりのもたらす地域葛藤―「観光地ではない」と主張する滋賀県高島市針江集落の実践から―」、村落社会研究ジャーナル20(1)、2013、11-22頁。②野田岳仁「コミュニティビジネスにおける非経済的活動の意味―滋賀県高島市針江集落における水資源を利用した観光実践から―」、環境社会学20、2014、117-132頁。

第3章　発見される里山：針江

する」仕組みについて整理する（図3.5を参照）[25]。

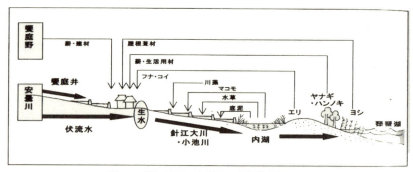

図3.5　針江地区の水利用・文化的景観
出典：高島市新旭地域のヨシ群落および針江大川流域の文化的景観保存活用委員会編『「高島市針江・霜降の水辺景観」保存活用事業報告書』、2010、146頁より転載

　まず、針江大川と琵琶湖を繋ぐ内湖の中島の浚渫作業を通してすくい上げられた底泥は、盛土して田地の拡張に使用された。また、中島の水底に生えてくる水草も肥料として、苗の間に踏み込まれた。例えば、西浦の内湖のマコモは村の共有財産で、毎年6月10日11時解禁、一戸につき一人ずつ田舟で刈り取りに、菜種・麦などの裏作の後の水田に入れていた。
　鯉・鮒の漁に関しては、春から初夏に産卵場所である入口の水路に、「川エリ」を設置し、入札によって行使者が決定されていた。浜のよしの権利も村がもっており、25の区画に割って毎年入札を実施し、落札金によって村の経費の半額はまかなえたという。やなぎ・はんのき林については、昭和20年代までは、割木・薪として、堅いはんのきは下駄の歯やまな板の原料として売買されていた。
　針江大川や針江地区を張り巡らせている水路の管理のため、現在それぞれ一年に4回と2回の掃除が行われているが、昭和28（1953）年までは、針江大川の「川掃除」は行われていなかった。なぜなら、昭和20年代までは「川藻」に肥料としての価値があり、普段から早い者勝ちで採取されて

---

25　前掲12)、142-147頁。

3.3. 「里山」として発見されるまで

いたことから、改めて「川掃除」する必要がなかったのである[26]。

### 3.3.2 上下水道の普及と生活環境主義の提唱:1980年代

針江地区では、昭和54（1979）年から昭和56（1981）年にかけて上水道敷設工事が行われ、昭和57（1982）年2月から上水が供給された。新旭町における上水道敷設工事の時期は3段階に分けられたが、湧水の豊富な琵琶湖周辺の地区である針江地区と太田地区の工事は最後の時期に行われた[27]。ところが、当時の水道局の担当者によると、両地区の住民は上水道敷設に異なる反応を示したという。豊富な湧水に恵まれながら鉄気に悩まされた太田地区の住民は上水道の敷設工事が行われることを喜んでいたのに対し、古くから湧水を飲用していた針江地区の住民からは、同工事に対する反対の声が上がったと当時水道局の担当者は記憶していた。

針江地区の自治区会長や老人会の会長の経験を有するH氏は、最初上水の推進のため、針江区役所の前に位置する明星会館に水洗トイレを設置し、上水の普及を促したと語る。さらに彼は、「当時水道を工事するとただでやってくれたけど、個人的にやろうとすると（当時の金額で）7~8万円はかかるというので、とりあえずほとんどの人々が水道を引くことにした」と述べる。実際、現在の針江地区で上水を引いていない家庭は3軒しかない。その内の一軒が、映像詩『里山Ⅱ─命めぐる水辺』で主に描かれた田中三五郎氏の自宅である。一方で、針江地区の大多数の住民は上水を最初使ってみたが、カルキの味がしたため、すぐに栓を閉めたという。その理由をH氏は「昨日とはまったく別のものを使うということにはものす

---

26 水と文化研究会の活動の一環としての水環境カルテの調査結果で針江地区の田中ヨノ氏・美濃部フミ氏は、30~40年前は〈調査が1995年に行われており、上記の昭和20年代を指す〉、川は「美しかったので、掃除しない」と語っている（水と文化研究会ホームページ、http://koayu.eri.co.jp/Mizubun/、2012年9月8日閲覧）。

27 滋賀県内で最初に下水道を敷設したのが大津市であるが、それは昭和44(1969)年のことであった。それに比べると、上水道が、大津市に下水道がつくられてから10年がすぎた年の昭和54(1979)年に針江・太田地区に工事が始められたのは県内での水道化に大きな差があったことを物語る。その要因の一つとして鳥越は、建設省と農水省の"なわばり"に巡る縦割り行政を象徴するような対立を挙げている(鳥越皓之「生活排水のゆくえ─湖岸部の下水道問題─」（鳥越皓之・嘉田由紀子編『水と人の環境史─琵琶湖報告書』、御茶の水書房、1985、所収）、279-320頁)。

57

第3章　発見される里山：針江

ごく抵抗があった」からだと語る。

　他方、上水道敷設工事が進められた時に引っ越した地元住民のT氏は、奥さんに新たな家屋に川端を造ってほしいと言われたが、最終的には川端を造らなかったと語る。新しい住居では、湧水を屋内に引いて使うこともなく、水道のみを利用しているという。昭和57（1982）年に上水道の供給が開始され、同年4月から使用料徴収始まったが、その一年後の昭和58（1983）年頃の湧水に対する針江の人たちの反応は、「若いもんが『不潔やし、家が湿気る』と、言ってな」と、人に見せることに対してはかなり控えめで、「川端」を後ろ向きに捉えるところがあった。[28]

　このような伝統的水利用に関する否定的な捉え方は、針江のみならず、近隣するマキノ町知内でも見られる。知内では、針江に比べ25年も早い昭和32（1957）年に簡易水道が整備された。[29]前川の水を飲んでいた知内の人々は、簡易水道の普及で、前川の水を飲まなくなった。簡易水道が入ってから25年後の昭和57（1982）年、嘉田前滋賀県知事が同地域を調査した際、子供たちには、かつて親が前川の水を直接飲んでいたことを知らされていなかったという。[30]嘉田は、水道もないような貧しく恥ずかしい時代だったという意識が人々にあったと述べ、「湧水のワクワクするような川端でさえも遅れた恥ずかしいものだと考えていた」と述べる。[31]

　桜井は、知内の前川の水利用の変化の背景に農業と生活様式の変化があると指摘する。具体的には、農薬、化学肥料や耕運機の普及、田圃整備などの変化、そして簡易水道の敷設によって生活排水を前川に流すよう

---

28　前掲 12)、133 頁。

29　全国的には、主に昭和 30 年代に簡易水道の普及が見られる。

30　嘉田由紀子氏は昭和 48(1973) 年に京都大学農学部を卒業し、同じ年に京都大学大学院農学研究科に入学し、同年にアメリカ・ウィスコンシン大学大学院に留学する。昭和54(1979) 年から家族とともに大津に居住する。昭和 56（1981）年に博士課程後期課程を修了し、滋賀県庁に入庁する。翌年には琵琶湖研究所研究員になり、昭和 62(1987) 年には、「琵琶湖の水問題をめぐる生活環境史的研究」で京都大学農学博士号を取得する。平成9(1997) 年に琵琶湖博物館総括学芸員になり、平成 12(2000) 年に京都精華大学人文学部教授、琵琶湖博物館研究顧問の役を兼ねる。その後、平成 18(2006) 年 7 月には滋賀県知事に当選し、2 期目まで務めた（滋賀県ホームページ参照、http://www.pref.shiga.jp/chiji/profile.html、2012 年 12 月 5 日閲覧）。

31　嘉田由紀子『生活環境主義でいこう―琵琶湖に恋した知事』、岩波書店、2008、84 頁。

3.3. 「里山」として発見されるまで

になったことを挙げている[32]。昭和30年代に上水が完備された知内において、前川の水は汚染し、かつてのように飲めるような水ではなくなったのである。そのような水が流れたであろう昭和50年代後半に親から子供たちに前川の水を飲んだということを伝えることはできなかったと推測される。また親が前川の水を飲料として利用したことを伝えたとしても、子供たちに信じてもらえる可能性は高くなかったであろう。

針江地区では、T氏のように、新住居に川端を造らず、湧水を家の中に引こうともせず、上水だけにするケースも見られる。しかし多くの家庭では、水圧が必要とされる風呂やトイレ用には上水を使い、その他の飲み水を含む生活用水は、湧水をポンプで屋内に上げて使用している。実際、高島市水道局の担当者によると、ようやく最近になって、針江地区の上水使用量が、他の地区の平均値に近づいてきたという。それでは、直接使用されなくなった川端が残されているのはなぜだろうか。その理由の一つは、針江地区における水利用に関する信頼関係にある。

針江地区で酒屋を営んでいるM氏は、「もし、上流で汚い水が流れ込んでいたら、川端は潰していたかもしれない」と語る。彼女によると、川端は一軒一軒、他の家庭の川端に水路で繋がっているため、「喧嘩しても、いがみあっても水は信頼する」関係性が続いてきているという。また、川端を主に利用するのは女性であり、地元の人々にとっては守っていかないといけない聖なる場所として認識、また意識されていることも理由として挙げられる。従って、男性の判断のみで簡単に川端を潰すことはできず、ある地域住民によると、川端を潰すかどうかという判断は、家族会議で検討する必要があるという。つまり、針江地区では、各家に繋がっている川端の水、とりわけ下の家に流す水を汚さない暗黙のルールが存在すること、また川端そのものが聖なる場所としても位置付けられてきたことが、川端の存続に影響を及ぼしたと言える。

上水道の敷設が進み、湧水を利用しなくなった住民が現れる一方で、

32　桜井厚「川と水道─水と社会の変動─」（鳥越皓之・嘉田由紀子編『水と人の環境史─琵琶湖報告書』、御茶の水書房、1985、所収）、163-204頁。

第3章　発見される里山：針江

1980年代には、針江地区を含む琵琶湖周辺地域で見られる人々の自然とのかかわり方が、「生活環境主義」という用語で評価されるようになる。1970年代の終わりの頃から、鳥越晧之、松井厚、嘉田由紀子、古川彰、松田素二らは、総合開発関連の琵琶湖周辺地域の調査（例えば、滋賀県琵琶湖研究所の委託調査等）結果から、琵琶湖周辺地域を対象に人びとの自然とのかかわり方を評価する「生活環境主義」を提唱する。彼らの研究グループのメンバーは、現場で、既存の政策として利用されている科学的モデルと地元の関係者や住民たちの考え方との食い違いの大きさに驚き、エコロジー論に立脚し、自然環境の保護をもっとも重要視する考えを「自然環境主義」、近代技術に信頼をおく考え方を「近代技術主義」と呼ぶことにし、地元の人たちの生活のシステムの保全をもっとも大切と見なす考え方を「生活環境主義」と名付けた[33]。昭和59（1984）年に発行された『水と人の環境史―琵琶湖報告書』のはしがきには、「県に提出した各年度の報告書はすでに存在するが、私たちは県への報告書にあきたりず、じぶんたちの論理をもう一歩ふかめたかたちで、このような本を作成した」と記述されている[34]。

　しかし、当時の行政は「生活環境主義」のシンボルともいえる川端を景観の一つとしては充分に認識していなかった。昭和63（1988）年3月に発行された『風車と花菖蒲のまち新旭―新旭町景観形成基本方針』では、山麓、さと、田園、河川、渚のゾーンにわけて景観を捉えているが、川端に関する具体的な記述は見られず、さとゾーン（道路・水路）で北畑の水路の横に水を使う場の写真が唯一掲載されている[35]。

---

33　鳥越晧之『環境社会学―生活者の立場から考える』、東京大学出版会、2008、66頁。
34　鳥越晧之・嘉田由紀子編『水と人の環境史―琵琶湖報告書』、御茶の水書房、1985、ⅲ-ⅳ。
35　新旭町『風車と花菖蒲のまち新旭―新旭町景観形成基本方針』、1988、90頁。

### 3.3.3 地域住民と研究者による共同研究へ：1990年代[36]

　次に、地域外部の研究者と地域住民がかかわりながら、琵琶湖周辺地域の共同研究が如何に進められてきたかを概観する。とりわけ、その共同研究と琵琶湖周辺地域の環境への関心を高める役割を果たしてきた「水と文化研究会」の活動と、共同研究後の地域住民と地方行政の湧水と川端の捉え方について整理する。


#### 1)「水と文化研究会」の設立と活動

　「水と文化研究会」は専門家や行政から与えられる情報だけに頼ることなく、自分たちの目、耳、手とそして頭で身のまわりの環境情報をつくりだそうという、いわば「知識をつくりだす」NGOである。生活環境主義の提唱者でもある嘉田氏が代表を務める同組織は、「ホタルダス」「水環境カルテ」を大きな柱として活動した。[37]

　まず、ホタルダス[38]は、滋賀県で平成元（1989）年から始まった住民参加によるホタル調査であるが、ホタルだけではなく、ホタルを通じ、身近な河川や水域の環境に目を向けてみようという趣旨から始まった。これまで、3,000人近くの人々が身の周りの水辺をしらべ、パソコン通信、ファックス、手紙、電話などで情報を交換してきた。

　次に「水環境カルテ」は、水道普及の前後の滋賀県の各地域の水利用を調べ、水道が入る前の生活用水や生活排水のしかたを暮らしのなかから見つめなおすものである。約80人の地域住民が1,000人以上の高齢者を対象に聞き取り調査を行い、その結果は場所ごとに、調査者の名前、説明し

---

36　仲上は、琵琶湖総合開発事業の第2期（昭和57（1982）年度～平成3（1991）年度）において、滋賀県地域環境管理計画、世界湖沼環境会議のような取り組みから地域住民の主体性の発揮する場が設けられたと記述している（仲上健一「琵琶湖の環境価値と環境保存政策」（立命館大学人文科学研究所地域研究室編『琵琶湖地域の総合的研究』、文理閣、1994、所収）、21-42頁）。ただし本稿では、1990年代を地域住民と研究者による共同研究が盛んに展開された時期として捉える。

37　琵琶湖博物館インターネット資料館内の水と文化研究会、http://koayu.eri.co.jp/Mizubun/（2011年9月13日閲覧）

38　その詳細は、水と文化研究会編『みんなでホタルダス―琵琶湖地域ホタルと身近な水環境調査』、新曜社、2000を参照されたい。

てくれた人の名前、水利用の写真、地図、説明の内容などをパソコン画面上に表されており、地図を見ながら滋賀県各地の水利用の実態を確認することができる。

滋賀県琵琶湖研究所のプロジェクト研究の一環として、平成3（1991）年12月からの風の観測でスタートし、その後、滋賀県立琵琶湖博物館の展示製作のための調査、滋賀県立琵琶湖博物館の共同研究の一つとして受け継がれてきた「ビワコダス」も「水と文化研究会」がかかわった活動の一つである。

なお、本来は琵琶湖地域環境教育研究会が中心となって活動を続けてきたが、平成12（2000）年から新旭町と「水と文化研究会」が協力して「水の学校」という事業を行っている。「わたしたちのそばに当たり前のようにある“水”という自然の恵み。子どもたちにその尊さを、郷土の社会の中で実際に体験しながら学んでほしい。そして自発的に環境保全に取り組んでほしい。そんな願いを込め」た同事業を通じて、新旭町の小学校高学年から中学生の子どもたちが、町の各地域を巡り、水の歴史や水の暮し、人と自然のつながりなどを学んでいる[39]。

## 2）水利用、川端について

地域住民と研究者による共同研究の成果を、嘉田は次のように記述している。

　　私たちが水環境カルテをつくることによって、人びとが伝統的な水利用の素晴らしさを発見し、「これってすごいですね。湧水って素晴らしいですね」といいつづけて、少しずつ種がまかれ、広がっていきました。カバタなど自然な水利用へのとらえ方、見方も、貧しく恥ずかしいものという考えから、環境に適した素晴らしい工夫だと、認識が次第に変化してきたのです[40]。

---

39　新旭町企画広報課『新旭町50年の歩み』、2004、27頁。
40　前掲31）、86頁。

3.3. 「里山」として発見されるまで

ところが、NHK映像詩『里山Ⅱ─命めぐる水辺』のプロデューサーの今森光彦氏は次のように語っている。

　　ただ、僕が三五郎さんと知り合ったときには、集落のほとんどの人が（おそらく8割以上だったと思います）、川端を使っていませんでした。水道が完備されて、川端にふたをしていました。三五郎さんと何人かの年輩の方だけが、昔からの生活が忘れられないといって、水道を引かずにそのまま湧水を使っているという状況でした。それにもまた驚きました。若い世代には、地下から湧いている水は、安全性も含めて信頼されない水になってしまったんだ、ということがわかりました。三五郎さんの息子さんは、飲み水は水道水で、風呂に川端の水を使うそうです。三五郎さんは自分なら逆に、飲み水に川端の水を使い、風呂には水道水を使うだろうといいます[41]。

　今森氏は、『里山Ⅱ─命めぐる水辺』の撮影のモデルの候補として、田中三五郎氏のところの川端以外に5つほどがあったが、すべての川端に蓋がされていたため、川端を使った様子を聞いて再現してくれるようお願いしたと述べている。さらに彼は、皆の記憶が新しく蓋を閉めてから10年経っていなかったおかげで川端は救われ、同ドキュメンタリーが放映され、外部の人々が訪れるようになってから、針江の人々が川端の大事さに気づき、川端への理解がより深まるようになったと付け加えている[42]。
　前滋賀県知事の嘉田氏は、1990年代に行われた地域住民と研究者による共同研究の成果によって、川端に対する認識に変化が見られたと語る一方、『里山Ⅱ─命めぐる水辺』のプロデューサーの今森氏は、2000年代に入って、針江地区に焦点を当て撮影を始めた際に、川端に蓋がされていて使用されることもなかったと述べている。つまり、二人の川端に対する認識の変化に関する捉え方には、若干のズレがあるように思える。

41　今森光彦『里山を歩こう』岩波書店、2008、57頁。
42　前掲41）、52-29頁。

63

第3章　発見される里山：針江

　ただし、確認しておくべきことが一つある。川端を使用しないこと
が、湧水をも使わないということをではないという点である。今森氏の上
記の記述は、川端の利用のみならず、湧水も使わなくなっていたという誤
解を招く可能性があるが、針江地区の多くの家庭では、湧水を川端で利用
するというより、ポンプで家の中まで引いて、飲料・生活用水として使っ
ているのである。しかし、この時期に川端を使うことが、近代的上水道シ
ステムの普及とともに若い人々には、後ろめたく思われるようになったこ
とも確かである。

　次に、行政側が川端を如何に捉えていたかを確認することにする。平
成10（1998）年2月に、新旭町の要望で、国土庁のMONOまちづくりア
ドバイザーとして、藤原肇氏とともに伊達美徳氏がこの町を訪れた。彼ら
は新旭町のMONOまちづくりの方向として、生業の場としての工場と生
活の場としての住宅が混在しながらも調和する集落を育成しようとするこ
とを提案した。アドバイザー藤原肇氏からは、特産品「ちぢみ」がクレー
プとよばれることから、お菓子のクレープをも名産として導入及び「クレ
ープ・ビレッジ新旭」という新旭町MONOまちづくりコンセプトが提案
された。[43]

　当時、焼き板で作られる建物と集落の風景は評価されたが、風景のな
かで川端を含む水利用システムは注目されることはなかった。平成13
（2001）年3月に発行された『第4次新旭町総合計画』[44]の中で、町の誇
りとして、「川端文化」「かわと文化」の言及があるものの、その活用にま
では結びついておらず、同計画の4章「活力のある質の高い産業のまちづ
くり」には、川端をはじめとする生活文化に関する記述は確認できない。
同章の「魅力ある観光の振興」の現状と課題としては、「体験学習や特産品
の開発販売など施設の充実や観光客の増加とともに、環境対策の推進も望

---

43　「クレープ」にはファッションとグルメを、「ビレッジ」には集落風景と産業コミュニティを、
　　それぞれ込めているものとして提案された。個性ある湖西の新旭町は「クレープ・ビレッジ」
　　になるか（伊達美徳）、まちもり通信、http://homepage2.nifty.com/datey/（2012年12月
　　12日閲覧）
44　新旭町企画広報課編集『第4次新旭町総合計画』、2001、新旭町企画広報課。

3.3. 「里山」として発見されるまで

まれ、（中略）一方、歴史的、文化的資源では保福寺、大善寺、大荒比古
神社等の文化財をはじめ伝統的祭りや遺跡等があるが、今後の観光資源
としての活用が課題である」と指摘されている[45]。なお基本方針では、「新
旭風車村を拠点に、農業や繊維産業など本町全体の魅力を最大限に引き出
す観光ルートをいくつか設定し、それぞれのルートの特徴を生かして、ふ
れあい、手づくり、体験、学習の五つの要素を意識した、体験・滞在型
に対応する観光の振興を図る」という記述が見られる[46]。それでも平成12
（2000）年の針江大川の護岸工事で、堤防の2面をコンクリートにしなが
らも、川底は石にし、子供たちが遊べるようにしたこと、また堤防底の横
には魚が休める隙間をつくったことは、彼らの生活が自然、とりわけ水と
密接な関係にあることを表すものとして理解できよう。

### 3.3.4 「里山針江」の誕生：2000年以降

以下では、針江地区出身で新旭町議会委員、新旭町長、高島市長を歴
任した海東英和氏や、「生活環境主義」を提唱した研究グループのメンバ
ーで後に滋賀県知事となった嘉田由紀子氏が「里山針江」の誕生に及ぼし
た影響を整理した後、メディアや地域住民、日本政府による里山針江の表
象について記述する。

まず、海東氏による川端の評価と彼の町長・市長としての川端を含む
地域資源に対する取り組みについて整理する。平成13（2001）年に新旭
町の『二一世紀記念誌』に載った『里山II―命めぐる水辺』のプロデュー
サーである今森氏が撮った「つぼ池の写真」が針江地区の「川端」を見直す契
機となったと、当時の新旭町長の海東氏は次のように語っている。

> 簡易水道が整備され、衛生的な生活の侵略は川端存続の危機だっ
> た。しかし、壊してしまう家は少なかった。新旭町の「二一世紀記念
> 誌」（2001年新旭町役場発行）で今森光彦さんの撮ってくださった

---

45　前掲44）、104頁。
46　前掲44）、104頁。

第3章　発見される里山：針江

「つぼ池の写真」に共感した。「そや、そうなんや」、そのとき小さな歴史が動いた。もし、あの写真がなかったら……他所の「カワタ」や「カワト」だったとしたら。かつて「カバタ文化」を守ろうと議会で提案したが、理解されなかった。女性を酷使するシンボルと批判もされた。しかし、何人もの方が、夏涼しく冬暖かいカバタは、「お嫁に来て一番嬉しかった場所やで」と励ましてくださった。[47]

　地元住民によると、海東氏は新旭町長の時から川端に関心を寄せ、「ないものねだりではなく、あるものさがし」をしようと言い続けながら、郷土の魅力や宝物を見つけ、磨き、地域の元気を作り出す活動に力を入れてきたという。

　次に、嘉田氏の影響を平成15（2003）年3月に琵琶湖淀川流域（京都・滋賀・大阪）で開催された「世界水フォーラム」[48]への関わり方から明らかにする。「世界水フォーラム」の一環として、「世界子ども水フォーラム」が開かれ、海外11カ国から37名の子供たちが針江地区に1泊2日間滞在したが、同フォーラムの開催には、1990年代中頃から、自らアフリカ等途上国の水問題の現場を見て、生活のための水が、子供や女性によって入手されることを知り、生活の現場における子供と女性の役割の重さを感じていた前滋賀県知事の嘉田氏の働きかけがあった。しかし、2000年にオランダ・ハーグで開催された第2回「世界水フォーラム」で子供たちの声がほとんど取り上げられていなかったため、日本で開催された第3回「世界水フォーラム」では嘉田氏は「世界子ども水フォーラム」の提案・企画・運営にかかわり[49]、彼女自身が代表を務める「水と文化研究会」と新旭町が、実質的な受け皿となった。[50]

47　前掲15）、190-191 頁
48　世界水会議（World Water Council: WWC）によって運営されている世界の水問題を扱う国際会議である。1997年第1回世界水フォーラムがモロッコのマラケシュにて開催された以降、3年ごとに開かれ、2003年には第3回世界水フォーラムが京都で開催された。第4回目の2006年には日本政府の提唱によってアジア・太平洋水フォーラムが設立され、「第一回アジア太平洋水サミット」が、2007年12月に大分県別府市で開かれた。
49　前掲31）、178頁。
50　中日新聞、朝刊　2003年3月18日、22ページ参考、見出し：「2003 世界水フォーラム

3.3. 「里山」として発見されるまで

　針江地区を訪れたアフリカの子供たちは、湧水がこんこんと自然と出
てくる光景を見て、針江地区の水の豊かさに驚き、針江は、自然に恵まれ
た素晴らしい場所であると語ったという。例えば、アフリカのアンゴラか
ら参加した女性のジェルミナ・サンチェスさん（16歳）は、「水がきれい
で、魚がたくさんいて気に入った。アンゴラでは汚い水をそのまま飲んで
いるので、自分の国にこんなきれいな場所があったら、パラダイスです。」
と興奮気味に述べた。[51] チャドから来たセラフィン君（17歳）は、「美しい
水路を保つには汚れものを流さないという地域のルールが守られているに
違いない。水路に水神さんが置かれているのは、水への信仰があついから
だ。」と述べ、マラウイから来たジョン君（17歳）は、「マラウイでは、人
間のし尿は忌み嫌うべきもので、トイレもつくらないで野原にし尿を放置
し、それが水を汚して伝染病の原因ともなっています。日本のようにし
尿を肥料として利用する生活のしかたをマラウイでも広めたい。」と語っ
た。[52] 世界中から集まった子どもたちの声を聞いた地元の子どもたちは、
世界の厳しい水をめぐる現状を知るとともに、針江地区では当たり前のよ
うに出てくる湧水が、特別なものであることに気づかされたという。
　日本での「世界水フォーラム」が開催された平成15（2003）年、針江
地区は、日本全国エコツーリズム大会の会場となり、映像詩『里山Ⅱ―命
めぐる水辺』が放映された平成16（2004）年には、地雷サミット・フィ
ールドワークも受け入れ、アフリカの小学生30名が針江地区を訪れた。

---

　きれいな『わき水』に驚き 海外11カ国の子どもたち 新旭町を訪れ交流」
51　前掲50)
52　前掲31)、180頁。

第3章　発見される里山：針江

写真3.3　子どもたちが世界から、交わり[53]

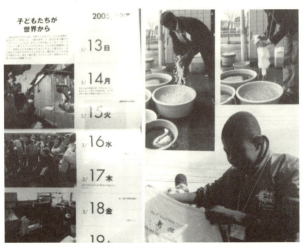

出典：滋賀県新旭町『針江水ごよみ』を筆者撮影

　最後に、メディアによる「里山針江」の表象に伴う地域内の取り組みと外部の評価を整理する。平成16（2004）年にNHK映像詩『里山Ⅱ―命めぐる水辺』が放映されてから、地域外部から多くの人々が針江地区を訪れるようになり、地元は対応を迫られるようになった。行政の担当者と地元住民の有志が参加した会議で、現在の見学コースの原型が行政の担当者より提案された。その提案を受け、当時の壮友会と老人会のメンバーを中心とする地元有志によって、針江生水の郷委員会が立ち上げられ、住民自ら案内をするという取り組みが始まった[54]。見学者を案内する実践を通して、針江生水の郷委員会のメンバーは、川端を含む、彼らの生活文化を見直す契機を得る。来訪者の数も年々増加し、2004年に約1,000人だったが、2006年には2,721人、2007年には5,339人,2008年には7,440人、

---

53　カレンダーの中での説明は次の通りである。2003年3月17日と18日、世界子供水フォーラムの仲間が、針江にやってきました。川端を見学して、針江の水の豊かさにびっくり。「こんなにきれいな水を流してしまってもったいない」と言うアフリカの子どもも「この水が琵琶湖に注いで、京都の人たちが飲んでいるんですよ」と教えると、水の流れの大切さをわかってくれました。案内をしてくれた針江の皆さんも、当たり前に思っていたことが、特別なんだと気づかされた経験でした。

54　前掲24）②

3.3. 「里山」として発見されるまで

2009年には7,639人が針江生水の郷委員会を通して案内を受けた。[55]

　針江生水の郷委員会は、案内活動にとどまらず、自然環境保全活動を中心とするまちづくり活動へとその実践の幅を広げ、農林水産省主催の「美の里づくり」の審査会特別賞（2005年）、「豊かなむらづくり」農林水産大臣賞（2006年）、環境省・日本エコツーリズム協会主催のエコツーリズム大賞の特別賞（2007年）、優秀賞（2012年）、大賞（2014年）を次々と受賞した。さらに、針江地区の湧水は2008年に「平成の名水百選」に選ばれる一方、針江地区は平成22（2010）年に霜降地区とともに重要文化的景観（「針江・霜降の水辺景観」）[56]、その5年後には日本遺産（「琵琶湖とその水辺景観」）に選定され、「お墨付き」の里山となる。

　針江地区は、海外のメディアからも注目されるようになり、韓国の民営放送局MBCが韓国で『里山II―命めぐる水辺』を放映し、反響の大きさから、同ドキュメンタリーを再放映している。平成17（2005）年12月には、韓国の国営放送局KBSが取材に針江地区を訪れ、それ以降毎年取材を続けている。[57]また、台湾でも『里山II―命めぐる水辺』が放映され、台湾からも個人旅行で針江地区を訪れる人も見られる。なお、平成22（2010）年には、国土交通省の協力のもと、「水と環境」というテーマで中国国営テレビの取材が実施された。[58]

　平成19（2007）年4月17日には、オーストラリアから23名が「究極の日本体験ツアー」という旅行プランで来訪、同年7月28日には、韓国の子供たち60名が交流体験で針江地区を訪れた。それに加え、平成22（2010）年5月には、21世紀東アジア青少年交流事業として外務省より招待されたタイの高校生24名が川端を見学し、針江大川の藻刈りも体験

---

55　韓準祐「針江地区の観光形態の潜在的機能と地域アイデンティティ」、日本観光研究学会全国大会論文集25、2010、17-20頁。

56　平成20（2008）年に「高島市海津・西浜・知内の水辺」が重要文化的景観として選定されており、当時一自治体の複数選定は初めてのことだった。平成27（2015）年には、「大溝の水辺」が重要文化的景観として選定され、市内では、全国最多の3か所目の選定となった。

57　例えば、韓国国営放送、KBSスペシャルの文化の疾走(4)トレンド読み―エコツアー五感を呼び覚ませ(2006年4月30日放映)では、針江の事例はその他の世界中のエコツアーの事例とともに紹介されている。

58　針江生水の郷委員会『川端通信』、2010年6月19日、第7号参照。

第3章　発見される里山：針江

した[59]。針江地区は、日本国内の都市民だけに「うるおい」、「やすらぎ」を
与える「里山」ではなく、日本の複数の中央省庁によって、国外にも日本
を代表する「里山」、「日本の原風景」として表象されている。

## おわりに

　本稿では、否定的なまなざしを受けた伝統的水資源利用および生活文
化がどのような過程を経て、「里山」表象の中核を成すようになったか
を、滋賀県高島市新旭町針江地区を事例に取り上げ考察した。まず3.1節
では、里山という用語が人里と離れた奥深い山の対義語から農山村全体を
指すようになったことを記述した。次に、1990年代後半から急速に里山
の用語が使用される頻度が増加したことを確認した。その背景に文化的景
観や農政の変化、環境政策への転換の流れ、観光まちづくりの政策化が考
えられ、「里山」が理想的な農山村を描く政府の思惑に合致する概念とし
て捉えなおされたことも指摘した。なお、メディア、研究領域で「里山」
「SATOYAMA」の用語の使用頻度が急速に増加する時期（1998年、2004
年、2009年）は、上述の背景に連動し、「里山シリーズ」の放映年度（1999
年、2004年、2008年）とも関連していることを指摘した。3.2節では、『里
山II—命めぐる水辺』の撮影地であり、本稿で事例として取り上げた針江
地区の概要と同地区を対象にした研究を整理し、2004年以降の研究成果
が著しくなることを確認したた。3.3節では、針江地区が「里山」として
発見及び表象されるまでの過程を4つの時代に区分し詳しく記述した。

　1980年以前には、内湖の中島の泥や水草、鯉や鮒の漁、川藻を利用し
ながら自然環境への手入れをする針江住民の姿が見られた。1980年代に
は、上水道敷設工事が行われ、上水が普及される一方、鳥越皓之や嘉田由

---

59　針江生水の郷委員会『川端通信』、2010年6月19日、第7号参照。前掲58）参照。実
　　際、韓国、台湾からも個人で針江地区に訪れる人が多いという。韓国の団体旅行に関して
　　も、関西圏のコースに針江見学を入れるケースが増えてきている。実際、調査中も韓国か
　　らの団体客が訪れる予定であったものが、移動時間が予想よりかかり関西空港での帰り便
　　に間に合わなくなる可能性があったため、当日取り消しの連絡が入ったこともあった。また、
　　2011年夏、調査の際、一緒に案内を受けた人のなかでは、欧米人を対象に個人的にガイド
　　をしている人もいた。

紀子らの研究者によって、琵琶湖周辺地域を生活の場とする人々の環境へのかかわり方を評価する「生活環境主義」が提唱された。1990年代には、地域住民と研究者による共同研究の動きが顕著となる一方、水利用や川端に関しては否定的な捉え方が見られ、行政側やアドバイザーとして新旭町に招かれた専門家からも観光資源として認識されていなかった。2000年以降、針江地区は「里山」として地域内外から表象されるようになる。2003年に開かれた「世界水フォーラム」の「世界子ども水フォーラム」が前滋賀県知事の嘉田氏の働きかけもあり、新旭町で開かれ、針江地区にも海外11か国から訪れた子37名の子供たちが滞在した。2004年には、地雷サミット・フィールドワークを受けいれ、住民自らも針江地区の水環境を見直すこととなった。また同年には、他方では針江地区を舞台にしたドキュメンタリー『里山II―命めぐる水辺』が全国放映された。その後、同作品は、国外からも高い評価を受け、国内外から川端をはじめとする針江地区における水資源利用及び環境へのかかわり方が注目された。地域住民自らも「針江生水の郷委員会」を組織し、見学者を受け入れながら、自然環境保全活動やまちづくりへと実践の幅を広げ、エコツーリズム大賞の特別賞、優秀賞、大賞を次々と受賞する。針江地区は、海外メディアからも注目を集め、「日本の原風景」として表象されるようになる。実際、同地区は重要文化的景観、日本遺産に選定され、日本を代表する「里山」として位置付けられている。

　本稿では、針江地区が「里山」として発見されるプロセスを、研究者、行政、地域住民、メディアのかかわりから明らかにした。そのなかでも1970年代後半から琵琶湖周辺地域の調査を行い、1980年代に生活環境主義を提唱し、その後は、1990年代における「ホタルダス」「水環境カルテ」「ビワコダス」「水の学会」の実践を担ってきた「水と文化研究会」の代表を務める嘉田由紀子氏の影響は特筆すべきであろう。嘉田氏は、2000年代にも、「世界水フォーラム」、とりわけ「世界子どもフォーラム」に深くかかわり、針江を世界に表象する重要な役割を果たす。さらに本稿では詳細までは記述できなかったが、2期を務めた滋賀県知事としての影

響も看過できない。彼女は「里山」という用語の変遷が見られ、理想的な農山村が「里山」という用語とともに描かれる以前から守るべき生活文化を有する地域として、針江を発見し表象し続けたのである。

　ただし、生活環境主義から示唆される嘉田氏の研究者としての立場、そして「もったいない」という標語で象徴される地方行政の首長としての同氏の主張や取り組みにおいて、針江地区が特別な意味を持っていたことも考慮すべきである。さらに、『里山Ⅱ―命めぐる水辺』のプロデューサーである今森光彦氏も映像を通して自らが考える理想的地域像を投影していることにも注意を払う必要がある。「里山針江」という表象は、思想的変化、政府の思惑等が絡み合うなか、嘉田氏や今森氏を含む多様な主体のかかわりを通して可能になったことを再度確認しておきたい。

〔付記〕本稿は、韓準祐（2017）を修正・加筆したものである。

## 参考文献

堂下恵（2007）「里山の資源化―京都府美山町の観光実践より―」山下晋司編『資源化する文化』、弘文堂、273-302頁

堂下恵（2007）『里山観光の資源人類学―京都府美山町の地域振興』、新曜社

深町加津枝・佐久間大輔（1998）「里山研究の系譜―人と自然の接点を扱う計画論を模索する―」『ランドスケープ研究』61(4)、276-280頁

韓準祐（2010）「針江地区の観光形態の潜在的機能と地域アイデンティティ」『日本観光研究学会全国大会論文集』25、17-20頁

韓準祐（2017）「発見される里山：針江」『立命館大学』(650)、42-58頁

今森光彦（2008）『里山を歩こう』岩波書店

嘉田由紀子（1985）「水利用の変化と水のイメージ―湖岸域の水利用調査より―」鳥越晧之・嘉田由紀子編『水と人の環境史―琵琶湖報告書』、御茶の水書房、205-240頁

嘉田由紀子(2008)『生活環境主義でいこう―琵琶湖に恋した知事』岩波書店

菊地暁（2007）「コスメティック・アグリカルチュラリズム―石川県輪島市「白米の千枚田」の場合―」岩本通弥編『ふるさと資源化と民俗学』、吉川弘文館、86-104頁

北澤大祐(2009)「滋賀県高島市新旭町針江地区の水辺景観における景観構成要素の成り立ち」『日本建築学会大会学術講演梗概集』2009、469-470頁

小坂育子(2010)『台所を川は流れる―地下水脈の上に立つ針江集落』、新評論

沓掛博光・敷田麻実(2008)「エコツーリズム推進における適地性と発展プロセスの比較研究」『日本観光研究学会全国大会学術論文集』23、201-204頁

牧野厚史（2008）「ヨシ帯保全における自然と人間との適度な関係」『滋賀大学環境総合研究センター研究年報』5(1)、1-12頁

水と文化研究会（n.d.）「ホームページ」、http://koayu.eri.co.jp/Mizubun/、2012年9月8日閲覧

水と文化研究会編(2000)『みんなでホタルダス―琵琶湖地域ホタルと身近な水環境調査』新曜社

村上慶太・石川慎治・濱崎一志(2008)「滋賀県高島市針江地区におけるモノケについて」『日本建築学会大会学術講演梗概集』2008、613-614頁

仲上健一(2007)「琵琶湖の環境価値と環境保存政策」立命館大学人文科学研究所地域研究室編『琵琶湖地域の総合的研究』文理閣、21-42頁

西尾崇志・藤田大輔（2007）「水路を利用した集落の観光化に関する考察」『日本建築学会大会学術講演梗概集』2007、413-414頁

野田岳仁（2013）「観光まちづくりのもたらす地域葛藤―「観光地ではない」と主張する滋賀県高島市針江集落の実践から―」『村落社会研究ジャーナル』20(1)、11-22頁

野田岳仁(2014)「コミュニティビジネスにおける非経済的活動の意味―滋賀県高島市針江集落における水資源を利用した観光実践から―」『環境社会学研究』20、117-132頁

桜井厚（1985）「川と水道―水と社会の変動―」鳥越皓之・嘉田由紀子編『水と人の環境史―琵琶湖報告書』、御茶の水書房、163-204頁

里山（n.d.）「公式ホームページ」、http://satoyama.gaga.ne.jp/、2012年12月14日閲覧

新旭町（1988）『風車と花菖蒲のまち新旭―新旭町景観形成基本方針』新旭町

新旭町企画広報課（2001）『人と自然が錦織りなすまち―第4次新旭町総合計画』、新旭町

新旭町企画広報課（2004）『新旭町50年の歩み』新旭町

高島市新旭地域のヨシ群落および針江大川流域の文化的景観保存活用委員会編（2010）『「高島市針江・霜降の水辺景観」保存活用事業報告書』、高島市

田中周平・藤井滋穂・西川淳ほか（2004）「琵琶湖沿岸ヨシ群落の植物種構成による再生評価手法の検討」『環境衛生工学研究』18(4)、11-20頁。

鳥越皓之（1985）「生活排水のゆくえ―湖岸部の下水道問題―」鳥越皓之・嘉田由紀子編『水と人の環境史―琵琶湖報告書』御茶の水書房、279-320頁

鳥越皓之（2008）『環境社会学―生活者の立場から考える』、東京大学出版会

内木摩湖・石川慎治・濱崎一志（2008）「滋賀県高島市針江地区におけるカバタについて」『日本建築学会大会学術講演梗概集』2008、615-616頁

横田洋三（1998）「針江浜遺跡検出の地震の痕跡」『古代学研究』143、45-48頁

横山卓雄他（1988）「琵琶湖北部針江浜遺跡の湖底粘土の堆積環境とそれに含まれる火山ガラスの堆積年代」『京都大学教養部地学報告』23、9-17頁

# 4章

# 津和野：ブーム後の地方観光地

ペルラキ・ディーネシュ

## はじめに

　島根県西部にある津和野町は江戸時代から小さな地方城下町として発展してきたが、昭和30年代から急に観光ブームがおこって、全国でも知られる観光地になった。観光客が増加し、宿泊施設やお土産等の開発を初めたが、受入環境が整ってきた時期にブームが終わった。観光産業に力を入れた津和野は、過疎化と高齢化と戦いながら、観光産業に依存するリスクも見えてきた。近年は、観光資源として重要なSLやまぐち号が平成25（2013）年の豪雨また平成30（2018）年の台風で運行休止になって、町の経済に大きな影響を齎した。津和野の観光の歴史を振り返ると、地方観光地のライフサイクルが見える。この章では、津和野の観光地の成り立ち、そして困難を紹介する。

## 4.1.　津和野藩

　津和野は700年の歴史を誇る城下町である。永仁3（1295）年に吉見氏によって津和野城が築かれたことを契機に、城下町として発展し始めた。坂崎氏によって城が拡大されるとともに城下町が移動され、現在の津和野町の基盤となった。坂崎氏はわずか16年の治世で失脚したが、次の亀井氏は幕末まで津和野藩の藩主をつとめた。江戸初めの津和野藩は3万石の小さな藩ではあったが、和紙産業等により4万3000石までに発展した。津和野で造られた和紙は大阪にまでわたったと言われている（津和野

町「町の歴史」web）。

　また、城下町として江戸時代に発展した津和野は戦を避けることができたものの、狭く密集した街は火災が頻発した。近年最後の大火は嘉永6（1853）年に起こり、鷺原八幡宮と永明寺を除く城下町の全てが消滅した。しかし、大火後の風景を残した「津和野百景図」では、既に復興された津和野の景色を見ることができる。百景図から見て取れる復興の早さは当時の津和野の経済力を表している（津和野町日本遺産センター「日本遺産津和野今昔」web）。

　現在の津和野町にある畑迫と日原と呼ばれる地域は、津和野藩にあったが、天領であって、将軍の直接管轄であった。両方の天領が銅山で功を奏し、経済的に津和野藩を上回るほどとなった。畑迫に残る堀家邸及び堀庭園、そしてその附近に残る旧畑迫病院は当時のその力を今に伝えている。津和野町は畑迫を含めて周辺の市町村と昭和30（1955）年に合併して、さらに平成17（2005）年に日原と合併して今の津和野が生まれた。

## 4.2.　現在の観光資源
### 4.2.1　太鼓谷稲成神社

　津和野の観光資源として最も知られているのは太鼓谷稲成神社である。安永2（1773）年に亀井氏7代目の藩主が京都の伏見稲荷を勧請したものであり、当時は藩主のみ参拝することが許されていた。明治時代以降、太鼓谷稲成神社は身分に関係なく町民も参拝できるようになった。現在の太鼓谷稲成神社の参拝者数は年間60万人ほどである。西中国の一大霊場であるとともに、日本五大稲荷の1つと称されている。

　参拝者が最も多いのは初詣であり、元旦からの三が日にかけては10万人から20万人が参拝に訪れる。これは津和野町の人口約7500人、さらに太鼓谷稲成神社がある旧津和野城下町周辺の人口約2500人と比較すると膨大な数であるということがよくわかる。ただし、平成12（2000）年の入込観光客数96万人と比べると、平成29（2017）年の59万人は38%の減少を示している。

### 4.2.2 流鏑馬

津和野では数百年を誇る伝統行事が現在まで続いている。毎年4月の第2日曜日に、満開の桜並木の道に馬を走らせ的を射る神事、流鏑馬が行われる。年間の重要行事はこの流鏑馬からはじまる。しかしながら現在は津和野町民によってではなく、鎌倉の小笠原流派の保存会のおかげで開催となっている。国内、海外から流鏑馬を見に来訪する観光客は非常に多く、最も人気があるイベントだと言える。鷲原八幡宮の流鏑馬の馬場は、永禄10（1567）年に藩主の吉見氏によって造られた。日本で唯一原形のまま残った馬場として、県の史跡に指定されている。

### 4.2.3 鷺舞

4月の流鏑馬に続き、7月には鷺舞が行われる。天文11（1542）年、時の城主、吉見氏が山口の八坂神社で踊られていた鷺舞を取り入れたことから、津和野でも踊られるようになった。山口の八坂神社は京都の八坂神社を勧請されたものであるため、鷺舞本来の起源は京都にまで遡る。津和野でも鷺舞が踊られなかった時期があったが、嘉永20（1644）年に藩主の亀井侯が復活させた。本家の京都でもしばらく祇園祭りにでなかった鷺舞の出し物が近年、津和野を参考にして京都で復活された。7月の20日または27日に町内10カ所で行われる鷺舞は、津和野の象徴として知られている。この歴史がある神事は昭和27（1952）年に無形文化財として国の選定を受け、また昭和36（1961）年には島根県無形重要文化財に認定された。

この伝統舞踊を子どもたちに慣れ親しんでもらおうと、昭和33（1958）年から鷺舞と同日に「子鷺舞」も開催されることとなった。町内の小学生が鷺舞の伝統衣装に似たコスチュームで町内を回り、鷺舞のすぐ傍で鷺舞と同じように踊る。その姿のかわいらしさが人気を呼び、鷺舞とともに人々から愛される津和野の新しい文化となった。本来は女児のみで行われていたが、少子化の影響により、現在は男児も参加することになっている。

### 4.2.4　津和野踊り

　そして8月のお盆に津和野踊りがある。室町時代の念仏踊りの流れをくむ踊りで、黒頭巾に白い長振り袖である。戦国時代にはこの衣装で武士の顔を隠し、鎧を忍ばせ、城を落城させることができたと言われている。この歴史と現在まで続けている踊りが昭和37（1962）年に島根県指定無形民俗文化財認定を受けた。

　平成29（2017）年は津和野踊りと亀井侯入城400周年の年であって、様々なイベントが催された。400周年の津和野踊りも、殿町通り400人参加者を目指したが、600人以上が集まって、成功したイベントであった。観光客にも伝統的衣装の一部（黒頭巾、鉢巻、扇子）を配って、外国人観光客も参加した。こうした芸能的と歴史的に重要な背景がある祭は、コミュニティーの交流の場にもなっている。6月から毎週お稽古があって、津和野生まれ育ちの地元は移住者と一緒に、人間関係を含めながら8月の踊りを練習した。

## 4.3.　統計で見る観光

　津和野町の合計観光客入込数を示すと、横ばい傾向が見える。他方、津和野町の施設ごとの入込観光客数では構成的な変化が現れる。近年のほぼ15年間では太鼓谷稲成神社、森鴎外記念館、安野光雅美術館を訪れる観光客が減少している一方で、近年の城観光ブームによって三本松城のお城山を登る人が増加している。

　SLやまぐち号をはじめ、流鏑馬神事・鷺舞神事等、昼に楽しめる観光資源が多く、津和野町は日帰りの観光地として発展してきた。宿泊施設の統計を見ると、宿泊者の減少がみられる。昭和59（1984）年から平成20（2008）年まで観光客が減少して、平成27（2015）年までの短い増加後、改めて減少傾向が続いている。他方、津和野に泊まる観光客数の季節性は大きい。

4.3. 統計で見る観光

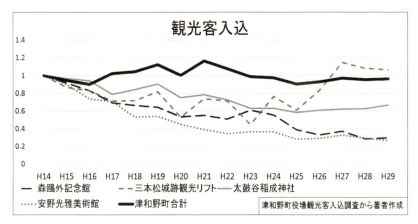

図4.1. 津和野町における入込観光客数

出典：津和野町の調査から著者作成

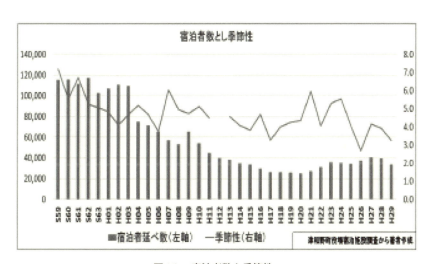

図4.2. 宿泊者数と季節性

出典：津和野町の調査から著者作成

　月別宿泊者で最低値と最高値を比較すると、最も差が多かったのは、昭和59（1984）年であり、年度割合の8月の16.3％と2月の2.3％の差

第4章　津和野：ブーム後の地方観光地

は7.2倍であった。平成29（2017）年は5月の年度割合の12.3%と2月の3.8%の差が3.2倍まで縮んだ。飲食店・小売をはじめ、宿泊施設においては、この季節性、観光客数の変動の激しさは、人材を適合させることにおいて問題であるとして取り上げられている。

## 4.4.　観光産業のリスクと過疎化の影響
### 4.4.1　災害

　平成25（2013）年の豪雨により、津和野と山口を結ぶJR山口線の線路が断裂した。山口線は、新幹線駅である新山口駅から津和野町、更に世界遺産である石見銀山、島根県屈指の観光地である出雲大社及び松江市を繋ぐ山陰地方の移動には欠かせない鉄道路線であると言える。また、上述したように同路線上を運行するSLやまぐち号は津和野観光業界を支える観光資源のひとつだ。しかし、宿泊経営者によると、当時は線路の断裂により観光客数は減少したものの、復旧工事のための、いわゆるビジネス観光客が増加したとのことである。

　山口線の線路が平成26（2014）年に復旧したが、平成30（2018）年7月の台風の豪雨によりSL山口やまぐち号は再び運行休止となった。SLやまぐち号の蒸気機関車が修復のため京都へ移されたが、広島県または山口県内の数カ所で土砂崩れの被害が起きた。SLやまぐち号のような重要な観光資源が自然災害によって不安定な供給となると、飲食店や小売店に影響が及びやすいと言えるだろう。

### 4.4.2　法律・地理環境

　津和野は山陰地方の山間部にあり、上記のように鉄道もJR山口線のみとなっており、交通アクセスの観点からみると不便なところがある。ゆえにバスツアーを主とした団体観光客が多い。福岡等各地を午前に出発し、下関・萩・津和野を巡る日帰りのバスツアーが幾つかあり、その中で津和野は昼から午後にかけて訪れられることが多い。そのため団体客向けの昼食とお土産のサービスを提供する企業がいくつか存在している。

## 4.4. 観光産業のリスクと過疎化の影響

　観光客の構成やニーズの変化、観光市場などの変化だけではなく、法律の改正も観光業界に影響をあたえる。近年、バスの運転手の労働環境の法律が改正され、運転手1人当たりの労働時間が厳格に定められ、それに従い団体バスツアーの総走行距離も大きく変化したとのことだ。高齢化、観光客の個人旅行へのシフトなどが原因で、バスツアーは年々減少傾向にあるが、このような法律改正の影響でまた減少したと言われている。上述したルートを日帰りで行うことは難しく、一泊二日とするか、又は津和野をルートから外すなどして走行距離の調整が行われている。津和野へ訪れるバスツアー、および観光客が減少したと経営者が報告している。

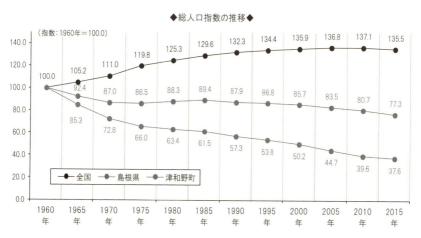

図4.3. 津和野町の総人口指数の推移
出典：津和野町（n.d.）「まち・ひと・しごと創生　津和野町人口ビジョン」, http://www.tsuwano.net/www/contents/1455061351797/index.html, 2018年11月30日閲覧

### 4.4.3 高齢化

　全国の多くの市町村では、少子高齢化の影響で人口が減少している。津和野のような地方集落の場合は全国と比較すると最も早いスピードでこの変化が顕れている。全国の人口に比較すると、人口が増加している昭和35（1960）年から平成27（2015）年までの期間の間でも、すでに島根全体、そして津和野の人口が著しく減少している。

　更に、人口の年齢構成を分析すると、縮減している人口の中でも、年少人口と生産年齢人口の減少の一方で、高齢人口が増加している。この社会構成の変化は観光業界にも影響をあたえる。

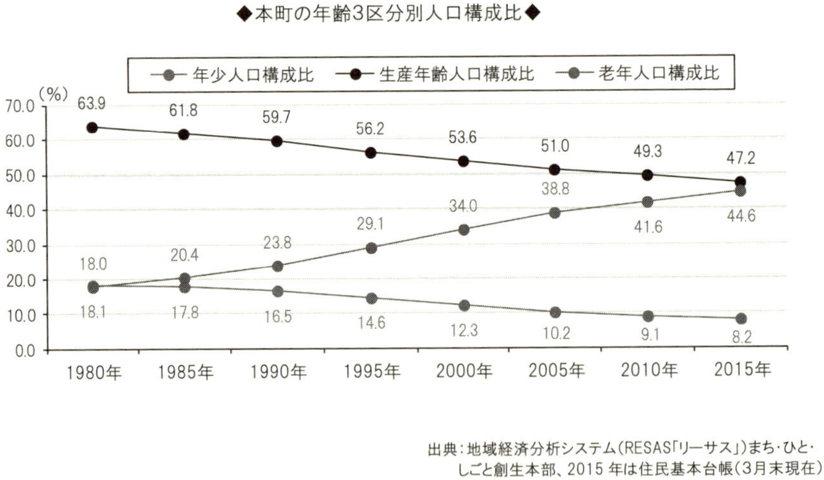

◆本町の年齢3区分別人口構成比◆

出典：地域経済分析システム（RESAS「リーサス」）まち・ひと・しごと創生本部、2015 年は住民基本台帳（3月末現在）

**図4.4.　津和野町の年齢構成**

**出典：津和野町（n.d.）「まち・ひと・しごと創生　津和野町人口ビジョン」, http://**
**www.tsuwano.net/www/contents/1455061351797/index.html,**
**2018年11月30日閲覧**

　多くの飲食店や宿泊施設は常にアルバイトやパート、正社員を募集しており、それは時給1000円（飲食店）から時給1500円（宿泊施設）と、島根県で定められた最低賃金740円（平成29年10月1日から、島根労働局）

よりも非常に高く設定されている。町内の宿泊施設では、2時間離れた萩市（山口県）から住み込みで人を雇っている企業もある。人材不足・人材の高齢化問題は津和野に限らず、全国の地方市町村が抱える問題であると思われる。津和野の場合は近くにある、より人口が多いところから人を雇うことができる一方で、離島の場合は人材のモビリティが限られており、今後人材の確保が深刻になってくるだろう。

## 4.5. 考察：津和野観光地の将来性

　日本政府は観光を経済の一つの柱としており、2020年のオリンピックとパラオリンピックを迎える。2020年まで4千万人の訪日外国人観光客を目標として掲げ、現在ではすでに海外から訪れる旅行者が3千万を超えている。しかし、観光目的地として「ゴールデンルート」と呼ばれる東京と大阪の人気が高く、近年観光公害の課題が取り上げられるまで観光客が増えている。一方で、津和野は訪れる観光客が減少している。

　日本政府は地方観光地に外国人観光客を誘導する方針を発表し、様々な取組が発足している。ただし、過疎化が深刻している津和野では、観光客が急増しても受入観光施設が不足している。さらに、訪日外国人観光客の受入環境の準備が整っていないと思われる。飲食店のメニューの多言語化は、学生のボランティア活動の結果としてすでに進んでいる一方で、観光協会や各施設の準備はこれからである。

### 4.5.1 日本遺産

　日本遺産は文化庁が平成27（2015）年に立ち上げた新しい活動である。このシステムの定義には、文化財の保存と活用、または地域活性化とインバウンド誘致のキーワードが含まれている。活動1年目の全国18のストーリーの1つとして、津和野は「津和野今昔 〜百景図を歩く〜」という、幕末の津和野藩内の名所や祭り、または習俗を紹介する100枚の絵で認定された。日本遺産は上述したように文化保存活動に限らず、「国内だけ

でなく海外へも戦略的に発信していくことにより，地域の活性化を図ることを目的としている」（津和野町日本遺産センター web）。

　津和野の歴史と魅力を観光客に発信するため、津和野町日本遺産センターが開設されて、津和野町の新しい観光スポットになっている。当センターは入館無料で、コンシェルジュが来客者に津和野を紹介する。この施設は、津和野歴史博物館である津和野郷土館の歴史的アプローチに、観光案内所のような情報センターという機能と合わせたものであり、観光客にとって人気があるスポットになっている。

### 4.5.2 地域おこし協力隊

　過疎化対策として地域おこし協力隊の制度を利用して、津和野町には多くの移住者が現在活動している。小中高学校の教育に繋がる活動（塾や自然体験等）、または農林産業支援の関係のプロジェクトもある。上述した高齢化状況では、若い移住者は最も重要な人材になるが、現在までは観光産業に繋がる地域おこし協力隊の動きはなかった。ただし、3年間の任期がおわって、来年（平成31年）から起業する若者には、宿泊施設と飲食店を企画している人もいる。過疎化対策である地域おこし協力隊でこういう成功例もあるのだが、観光にかかわるプロジェクトをさらに増やすべきと思われる。

## おわりに

　本章では津和野の観光地の成り立ちや現在の問題点を紹介してきた。すでに述べてきたように、津和野の観光の歴史を振り返ることにより、地方観光地のライフサイクルが見えてくる。少子高齢化と労働力不足は津和野の観光にとって大きな問題点であるが、日本遺産や地域おこし協力隊の活用など、明るい話題もいくつか見られる。


## 参考文献

島根労働局（n.d.）「ホームページ」https://jsite.mhlw.go.jp/shimane-roudoukyoku/home.html, 2018年4月30日閲覧

津和野町（2017）『津和野町観光振興計画』津和野町

津和野町（n.d.）「まち・ひと・しごと創生　津和野町人口ビジョン」, http://www.tsuwano.net/www/contents/1455061351797/index.html, 2018年11月30日閲覧

津和野町（n.d.）「町の歴史」http://www.tsuwano.net/www/genre/0000000000000/1000000000003/index.html, 2018年11月30日閲覧

津和野町日本遺産センター（n.d.）「日本遺産津和野今昔」https://tsuwano100.net/, 2018年11月30日閲覧

第4章　津和野：ブーム後の地方観光地

# 5章

# 渡来祭から見る地域の文化継承と観光化

周 暁飛

## はじめに

　華僑という言葉は、近代的な言葉として、外国に定住している中国人のことを指している。その前は、「唐人」や「漢人」、「渡来人」などの呼称が一般的であった。『大辞林』によると、華僑は長期にわたり海外に居住する中国人およびその子孫である。華僑は東南アジアに多く、経済的に大きな影響力を持つ。今日では移住先に定着し、自らを華人と規定することが多いという。

　しかし、19世紀的な「華僑」という言い方は、近世以前に日本などの海外に移住していった中国人の有様をはっきり把握することができない。なぜなら、「華僑」という言葉は、19世紀的な「国民国家」を前提としたもので、日本の場合、直接的には幕末の開国以来に来日した日本国籍を持たない中国人を指し、彼らの前史としては「唐人屋敷」に寓居した「来舶唐人」のみが問題となり、鎖国令とともに日本人化した「住宅唐人」はここから除かれてしまい、鎖国令発布以前の日本社会において日本人と雑居していた渡来唐人たちの社会を捉えるためには「華僑社会」という言葉は不十分だからである。[1]このように考えれば、日本での華僑社会の形成と居住地の変容もまた注目すべき課題になる。

　本稿では、少数民族としての華僑華人が日本社会でいかにしてエスニ

---

1　安野真幸（1996）「近世初頭長崎の華僑社会と唐人貿易の研究」1頁

ック・グループの文化を維持し、継承するかをめぐり検討していく。日本には、数えきれないほど多くの祭りが存在している。その中には、外国人、特に中国からの移住者によって始められたにもかかわらず、徐々に日本人を取り込んでいった祭りも少なくない。そうした祭りは、本国の中国よりも盛んに行われ、やがて日本らしい祭りとして定着していった。

　本研究の目的は、長崎県のランタンフェスティバルを中心に、日本にある渡来祭りがどのようにして成立・発展していったのか、その結果、地域の観光化や移住者自身の伝統文化の継承に、いかなる影響をおよぼしたのかを明らかにすることにある。本研究は方法論として資料収集と現地調査を用いる。具体的に言えば、文献資料の精読と現状を理解するための現地調査を行った上で、データを整理・分析する。

## 5.1.　先行研究

　『中国国際移民報告（2015）』によると、中国から海外へ移住した中国人とその子孫はアメリカのような先進国をはじめ、カナダ、オーストラリア、ヨーロッパなど世界各地に分布しているという。その中に、日本への移民人数は迅速に増加し、近年、日本はアメリカやカナダに続き、中国人が集中している重要な移住先になった。そして、2015年の年末まで、華僑華人の総人数は約6000万人であり、世界で最大の移民集団になるそうである。この状況に従い、中国の経済、政治などに大きなメリットをもたらしたが、教育の面では言語や伝統文化などの民族性について、維持と伝承の問題が起こっていることも現実である。

　スターリンは民族について、「言語・地域・経済生活・文化の共通性の中に現れる心理状態の共通性を基礎に生まれた、歴史的に構成された人々の強固な共同体である」と定義した。[2]共通の「言語」、「地域」、「経済生活」と「文化」は民族を構成する4つの要素である。1つが足りないと、民族

---

2　村井淳（1994）「スターリンの民族問題についての思想と政策」『ロシア　東欧学会年報』76頁

とは言えない。移住先に定着していく華僑華人は、長い移住史が経ち、だんだん母国から離れていき、移住先の社会に融合するようになるという同化過程がある。華僑華人社会の存続ができるかどうかは、母体との共通性が大事なのである。

本稿に関する先行研究を概観すると、「長崎ランタンフェスティバル」についての研究は主に中国人研究者に集中しているようである。廖赤陽・王維の「ローカル・イニシアティブにおける伝統の創造―長崎ランタン・フェスティバル（春節祭）とニュー・エスニシティ」はランタンフェスティバルをめぐり、華僑社会の内的変化、中日関係、中国本土における伝統復興の働き、日本の近代化及び観光ブームを掘り下げた。

崔振雪の「長崎の華僑社会のおける春節祭の研究」は長崎華僑社会における春節祭の展開を歴史的に跡づけた上で、春節祭に関わる華僑グループの主催者と演者、日本人グループの主催者と演者が春節祭に対する意味づけを比較し検討した。また、観光化と地域おこしを課題としての研究は日本国内にも少なくない。本稿の問題点を解決する参考になると思っている。

## 5.2. 日本における華僑華人の文化継承

### 5.2.1 華僑華人社会の概況

「華僑」というのは、移住先の国籍を取得していない中国人のことを指す。他方、「華人」とはすでに外国籍を取得した中国系住民のことである。中国は長い海外移住史を持っている国である。「海水至るとことに華僑あり」という諺がある。『漢書・地理誌』に書かれているように、紀元1世紀ごろ、西漢の商人は海路を利用し、南海とインド洋の海域にある諸国と海上貿易を行った記録がある。大規模的であり、持続的な中国人の移民活動は16世紀末頃から4回のピークがあるとされている。[3]その4段階は今現在の華僑華人が世界諸国に居住する現状の土台となった。

### ア、16世紀末頃

---

3　庄国土（2011）「世界華僑華人数量和分布的歴史変化」『世界歴史』(5) を参照して4段階の内容をまとめた。

この時代の移住は、海外貿易と政権の交代による混乱が主因である。主な移住先は東南アジア諸国と日本の長崎一帯の地域である。移住人数は10万人以上と推計することができる。移住の目的は主に貿易であり、当時は先進国であった中国から、移住先にも自国の進んだ文化と技術をもたらしていった。

### イ、19世紀半ば

　この時代の移住の外因は、欧米諸国の奴隷貿易制度の廃止により、人手不足の状況になったことである。それゆえ中国の沿海部に目線をおき、安価な出稼ぎ労働者を求めた。移住の内因は中国国内の人口が激増したため、労働力が過剰になったことである。また、2回のアヘン戦争で清朝の政治・経済は衰退した状態に置かれ、政府は海外へ苦力を輸送するのを黙認するしかなかった。ここまでの移住先は東南アジア、日本を中心にした地域に集中することから、世界諸国へ広がっていくようになった。苦力は自由のない奴隷のようなもので、文化を伝承する余裕がなかった。しかし、そのような契約移民以外、教養がある知識人や商人たちが自分の意思で海外へ行き、祖国に対しての認識や感情も深かったので、民族文化を継承する主体となった。

### ウ、1920年代

　第二次産業革命は東南アジアの経済に波及した。各宗主国は当地のインフラ、製造業、金融市場に大量の資本を投入したが、第一次世界大戦に巻き込まれたため、投資は中断された。その機会を狙い、華商たちは東南アジアの現代産業に投資したり、戦争に関連する製品に力を入れたりすることを通し、発展してきた。そして、大勢の安価な労働力は中国の南部（華南）から東南アジアに押し寄せた。1922年~1939年の間、アモイ、スワトウ、香港から出稼ぎに行った労働力は約500万人いたが、ほとんどは東南アジアに向かった。太平洋戦争が終わってから、海外への移住より帰国華僑の人数が上昇するようになった。華僑華人が多くなるとともに、熟練工の技術育成と二代目華僑の文化教育を考慮するうえ、それぞれの移住先には、自分なりの華僑学校を建てるようになった。

## エ、1970年代末

　新中国が成立してから、政治の原因もあり、海外への移住が一時中断された。1970年代に入り、改革開放などの新たな政策の提唱で、内的要因から移民ブームが起こった。外的要因から見れば、1965年のアメリカでの移民政策の変更は世界範囲での移民ブームを推進した。[4]しかし、当時のヨーロッパは経済が繁栄していたので、その新政策に恵まれたのは主に中国人であった。アメリカをはじめ、ヨーロッパ諸国、カナダ、日本などの先進国も労働力や専門職などの人材を求めるために、人種や意識の偏見を減らし、発展途上国に対して移民政策を緩めた。そのため、世界で934万人の新移民が誕生した。この時から、多文化共生は移住先の新しい課題として扱われるようになった。また、華僑華人自身も文化を守る行為が多様化し、イベントも注目されるようになった。

### 5.2.2　日本における華僑華人の移住史

　東南アジアに比べると、日本の華僑華人は人数が少ないが、移住史が長い。『史記巻一百一十八　列伝篇　淮南衡山列伝』は以下のように記載している。「（紀元前219年）秦皇帝大悦、遣振男女三千人、資之五谷種種百工而行（瀛州）[5][6]」。一方、それはただの伝説だと主張する研究者もいる。また、日本への大規模となった移民は3世紀から5世紀の時局の混乱が要因であった。[7]当時は中国の秦漢時代にあたったので、「秦人」や「漢人」という称呼が誕生した。その後、日本への移住を大まかにまとめてみれば、主として次の4つの段階に分かれる。

### ア、隋唐時代（581 - 907）—中国文化の導入期

---

4　1965年に、アメリカは国と民族を問わず、それぞれの国から2万人がアメリカへ移民に行ける政策を実施した。

5　中国で蓬莱、方丈とともに山神山の1つ。その東にある日本は東瀛ともいわれる。

6　司馬遷（1972）『史記一百一十八　列伝篇 淮南衡山列伝』中華書局, 3086頁

7　裴暁蘭（2007）『日本における華僑華人教育に関する研究』早稲田大学博士論文, 36頁

この時期、中日の友好関係が続き、特に宗教活動が盛んに行われていた。日本側は遣隋使、遣唐使を中国に派遣した。中国側は、僧侶や士人、商人など個人的な移住者が多くなった。その中では、教養が高い僧侶が多数を占めた。前の秦漢ほど集団的に移住する人数は多くはなかったが、仏教の経典と中国文化を発揚するには大きな貢献をした。また、日本に移住した中国人は「唐人」と呼ばれ始めた。

## イ、幕府末期・江戸初期―華僑華人社会の形成期

　　　　徳川時代、日本の唯一の開港場としての長崎では、貿易商である華僑の団体が何度も入港することを通じ、17世紀の半ば頃になると、商人、僧侶、儒学者、遺民を中心に、早期の華僑華人社会が形成された。[8]

## ウ、明治以降―華僑華人社会の完成期

　1858年に、日本側では『安政五ヶ国条約』の締結とともに、長崎のほか、函館、下田なども開港されるようになった。そのため、来日した中国人も多くなった。1877年に東京において中国の公使館が設立され、さらに横浜、神戸、長崎にも領事を派遣したので、在日中国人の権益が保障されるようになった。日本に行った中国人はさらに増えてきた。人数の増加により、中国人の内部を管理したり、他国と交渉したりする組織の設置も必要となった。1867年の「中華会議所」をはじめ、「中華会館」、「中華商務総会」など一連の組織ができた。[9] これらの組織は在日華僑華人の生活に至る様々な面を支えていた。組織の設立と発展は華僑華人社会の完成を意味している。

## エ、現代―発展期

　『中国国際移民報告（2015）』によると、中国は日本への人口流出量が一番多い国だとされる。それは近年、日本の移民政策についての改革に関わっているからである。2010年、法務省は「高度人材優遇制度」を公布し、ポイント制度で優れた外国人を引き寄せる計画を立てた。2014年、参議院は「高度専門職」の資格を持っている外国人が3年間日本に滞在すれば

---

8　裘暁蘭『前掲書』43 頁
9　裘暁蘭『前掲書』52 頁

永住権が持てるという新修正案を通した。法務省の統計によると、2017年に日本へ入国した中国人は5761064人であり、入国した外国人総人数の約2割を占めている。[10]

表5.1 日本に入国した中国人

| 年度 | 人数 | 年度 | 人数 |
|------|------|------|------|
| 1950年 | 2095 | 2000年 | 385296 |
| 1980年 | 18336 | 2010年 | 1661222 |
| 1990年 | 117814 | 2017年 | 5761064 |

出典:法務省のホームページより作成

## 5.3 日本における文化伝承への措置

　以上の数値から見れば、海外へ移住する中国人は年々増えていく傾向がある。それは諸刃の剣である。新移民は中国と世界諸国をつながる架け橋となり、技術、文化、経済などでの交流と発展を積極的に推進している。一方、移住先に定着していくことで、自国の文化を維持し、伝承することは難しくなるのも現実である。国民の民族性を失うと、母国にとって非常に危険なことになるのである。しかし、エスニック・グループとして、いかにして移住先で自国の文化を守るか、伝承し続けるかは決して簡単なことではない。その問題をめぐり、今まで移住先の経験を参考し、次の四つの手段をまとめてみていきたい。

### 5.3.1　教育

　教育は文化伝承の手段として不可欠な要素である。日本の法務省の統計によると、2017年に、日本に滞在する0歳から5歳まで登録した華僑華人の乳幼児は45008人であった。そして、6歳から15歳まで初等教育を受けるべき人は5万人を超えた。すなわち、この5万人は日本の小学校

---

10　法務省の統計により作成した、香港、台湾、マカオを含めていない数値。

第5章　渡来祭から見る地域の文化継承と観光化

に通えば中国語を含めての中国文化を勉強することができない。表5.2に
よると、小学校1年に入学する時期にあたる6歳の子供は人数が一番多い
ということがわかる。ここで問題が出てくる。①日本社会で生まれ、育て
られた子供たちは、中国語や中国文化の勉強が不足する。二代目か三代目
の華僑華人は中国語を全然しゃべれない例もある。②途中で帰国する生徒
にとって、両国の教育の差異により、知識のつながりがうまくできないこ
とがある。③日本の保育所や学校が満員になる場合は、当然のように外国
人の入園・入学が難しくなる。これらを解決するため、華僑学校の設立が
重要な手段となった。

表5.2　日本在住の華僑華人の子供（2017年）

| 年齢（歳） | 人数（人） |
|---|---|
| 0−5 | 45008 |
| 6 | 6362 |
| 7 | 6010 |
| 8 | 5737 |
| 9 | 5696 |
| 10 | 4855 |
| 11 | 4425 |
| 12 | 4608 |
| 13 | 3400 |
| 14 | 4345 |
| 15 | 5583 |
| 6‐15 総計 | 55021 |
| 総計 | 100029 |

**出典：法務省の統計より作成**

　東南アジアで一番早い華僑学校は1690年にインドネシアで創立された
「名誠書院」に遡る。日本ではそれほど古くないが、百年以上の歴史を持
っており、1897年に横浜大同学校が開校された。その後、神戸、東京に

も続々と初等学校、高等学校を創立した。投資から運営までを華僑華人が行っている大同学校は、「立志・読書・合群・尊教・保国」の理念を持ち、人材を育成するのが目的であった。当時在籍した生徒は男女合わせて140名であり、授業内容は中国語、英語、日本語、算数、地理、体操以外にも、孔子学、中国史・経が科目として設置された[11]。日本で設立された華僑学校は、近代教育、華僑教育、中国国内の学校教育に大きな影響をもたらした。

1990年代に入り、多文化、多民族化などの社会環境の変容に従い、華僑学校の構成も授業内容も大きく変容してきた。華僑学校は民族教育の場を提供するという方針をもっているが、日本語教育と進学教育も実施されている。現在、東京、横浜、大阪、神戸に5箇所の華僑学校があり、華僑華人向けの主な教育機関として民族文化を教授している。民族教育は民族意識を伝承するのに重要な役割を果たしているので、華僑学校が民族教育を通して、華僑華人のアイデンティティを再構築している。

### 5.3.2　伝統活動

民族文化を継承するには、その伝統文化を移住先の社会に認めさせ、そして仲間として加わってもらうのが有効的なルートである。春節祭、孔子学院の設立などは、中国の伝統的な文化を世界に知ってもらったり、中国語ブームを巻き起こしたりする役割を果たしている。例えば、長崎ランタンフェスティバル、大阪の中秋名月祭、神戸南京町春節祭、名古屋中国春節祭など現地で大きなスケールがあるお祭りは、民族文化を発揚するだけではなく、地元の人々とのコミュニケーションや地域おこしにも役に立っている。

### 5.3.3　コミュニティと組織

---

11　馬場裕子（2014）「大陸系中華学校による国際化・多文化化への試み」『Core Ethics』10, 203-214 頁

第5章　渡来祭から見る地域の文化継承と観光化

　前述のように、19世紀に華僑華人が増加し続けたため、「中華会議所」をはじめ、華僑華人の事務を扶助する組織が次々にできた。現在、日本各地に華僑連合会や同郷会のようなコミュニティや組織が見られる。例えば、長崎ランタンフェスティバルの整備は「長崎新地中華街商店街振興組合」の設立から始まったのである。また、福建会館は福建省の同郷会として、百年以上の歴史を持っている。同会の中には4つのグループがある。長老たちの「福寿会」、おばあさんとおかあさんたちの「婦人会」、若者たちの「青年会」、若妻と娘たちの「つくし会」である。それぞれの会は月に1回の例会を行う。例会で福建料理を食べながら、あらゆる生活情報を喋ったり、検討したりする。時々同会は政府や市役所の代行をして華僑華人に援助をする[12]。これらのコミュニティや組織の存在は、在日の華僑華人にとって強力な後ろ盾であるうえ、さらに民族文化に関連するイベントの計画、宣伝、促進、開催などに力を入れる。

### 5.3.4　「僑郷」とのコミュニケーション

　華僑華人の移出先は「僑郷」と呼ばれる。僑郷は華僑華人の民族性を維持する紐だと思われる。各僑郷に僑務オフィスを設立するのは一般的である。公的な機関として、中国国内で華僑華人を援助し、最新情報を海外まで伝える。また、中日国交正常化以来、僑郷は華僑華人が集住している地域と友好関係を結ぶのもよく見られる。例えば、福建省と長崎県、山東省と和歌山県、武漢市と大分市は友好関係を結んでいる。それぞれの地域はコミュニケーションをしているうちに、政治、経済、外交、文化を促進する役割を果たしている。

## 5.4.　長崎の華僑社会と唐人屋敷

---

12　菅原幸助（1979）『日本の華僑』朝日新聞社, 108−109頁

### 5.4.1 長崎の華僑社会の形成と居住地の変容

#### ①形成

　『史記』によると、中日両国の最初の交流は徐福の東渡りの紀元前219年からである。そして日本では、中国からの移民に関する最初の記録は『日本書紀（神功皇后）』（205年）に記載する3世紀以降のことである。ただ、これらの移住は華僑社会を形成したとは言えない。なぜなら、中国の華僑史を研究する陳昌福は、華僑社会の形成について、移住先の国と平等的な関係を持つうえで、いくつかの条件が必要だと指摘しているからである。つまり、ア、移住先に集住する華僑はある程度の規模に達しなければならないこと。イ、母国の伝統文化を維持すること。ウ、母国とのつながりを維持することの3点である[13]。日本における華僑社会の形成に関する記載は諸説があるが、この分析によると、長崎はその形成の場所だと認められるのである[14]。

　長崎は日本の一番西の部分に位置し、中国に最も近い日本の都市である。上海までは約870kmであり、日本にいる華僑の発祥地とされている。607年から派遣された遣隋使と遣唐使は長崎の海域を経由し、中国の大陸にたどり着いたのだと記載されている。1639年の鎖国から1859年の開国までのおよそ200年間、長崎は日本の唯一の開放された港として、中国とオランダの商船しか入港を許可しなかった。西川如見の『長崎夜話草』によると、1562年に長崎港外の外町浦（現・長崎市深堀町付近）深堀氏領で行われたのが最初の交易であったといわれている[15]。16世紀の半ばを過ぎてから、華僑は主に商人を中心として貿易のために入港したが、明清交替の時点において、政治の面からも影響があり、長崎に避難に行く中国人が増え、さらに地元の人と縁を結び、日本籍を持つようになったのもあったという。寛永に至って、中国人は長崎で地盤を固め、17世紀の半ば頃になると、商人、僧侶、儒学者、遺民を中心に、早期の華僑社会となっ

---

13　陳昌福（1985）『日本華僑社会形成初探』上海師範大学学報 ,90 頁
14　裴暁蘭『前掲書』39 頁
15　太鼓山（2007）「中国唐文化と長崎」http://nagasaki-r.seesaa.net/category/4388580-4.
　　html　2007 年 12 月 19 日

第5章　渡来祭から見る地域の文化継承と観光化

た。これも長崎の社会構成の重要な一部分である。[16]

### ②居住地の変容

　最初長崎に住み付いた中国人は、日本人と何の区別もなく、町全体で散宿する状態になったのも記載されている。それは、ポルトガル人が「内町」（長崎は内町、外町からなる「市中」と、村落部である「郷」から成り立っていた）の船宿に寄宿し、「内町」の範囲を超えることができなかったことや、日本に連れてこられた朝鮮人が「外町」で「高麗町」を築いたことと大きな違いが見られるのである。[17]その後、長崎に入港した唐船の数は急増し、1637年に長崎港に到着した唐船は64隻となり、1639年に至っては93隻に達した。[18]最初の唐人は日本人と雑居する状態であったが、人数が多くなったため、指定地域で「指宿」の地域を設け、唐人が宿泊先を指定し、大家に家賃とコミッションを払うようになった。1640年に、「宿町」制度が実施され、市中の各町が順番に、来航した中国人に船宿業務を行った。1653年に、宿町で補佐的な業務をする付町が作られ、消防や人夫の斡旋などを行った。1666年に、公的な経営に移されて、宿町・付町制が確立された。[19]この制度を通し、宿主だけでなく、長崎の町人まで唐船船主から口銭と呼ばれる手数料を得、町への助成になった。

　来航した中国人が急速に増加し、中国貿易が盛んになったとともに、密貿易も増えてきた。幕府はそれへの対策として、1689年に「貞享令」、1715年に「正徳新令」を公布し、日本に入港する唐船の数と貿易額を制限した。さらに住居地区についても制限するようになった。1688年に十善寺郷幕府御薬園にある土地で唐人屋敷の建設に着手し、翌年の1689年に完成した。[20]その時に、長崎市に留まったすべての中国商人約5000人をそこに移住させ、人は「唐人屋敷」に、荷物は「新地蔵所」に、隔離して収

---

16　裘暁蘭『前掲書』43頁
17　安野真幸（1996）『前掲書』2頁
18　李国梁（1990）「長崎華僑史蹟若干考察」『福建学刊』73-74頁
19　太鼓山「前掲稿」web
20　長崎市ホームページ（n.d.）「唐人屋敷の歴史概要」http://www.city.nagasaki.lg.jp/sumai/660000/669001/p006894.html，2018年11月30日閲覧

容する体制を築いた[21]。幕末の開国後、唐人を管理するために作られた「唐人屋敷」は廃屋となり、中国人たちがそこから「広馬場」や「新地」などに移り住むようになった。

### 5.4.2　長崎の唐人屋敷
#### ①構造

　唐人屋敷は長崎の町の外側、十善寺郷という所にもともとあった幕府の庭園をつぶし、1688年に建てられたものであり、唐船五十隻分、唐の商人約5000人を一度に収容することができる施設であった[22]。長崎市ホームページによると、唐人屋敷の広さは約9300坪であり、現在の館内町のほぼ全域に及ぶ。周囲を練塀で囲み、その外側に水堀あるいは空堀を、さらに外周には一定の空地を確保し、竹垣で囲った。入り口には、「大門」と「二の門」の門が二つあり、二重に区切られ、柵や塀で囲まれ、広場になる構造であった。その間には乙名部屋、大小通事部屋などが置かれていた。大門の両側には大門番所と新門番所があり、唐人番や船番などが厳重に監視を行った。大門の右には、雨覆貫屋と呼ばれる長屋があったが、ここは唐人の荷物改所であった。なお、唐船の綱などもここに保管された。2つの門の間に、屋敷を出た「二の門」のところで「探番」と呼ばれる役人

図5.1.　唐人屋敷の大門と二の門の間の広場

出典：安野真幸（1994）『長崎の唐人屋敷』174頁

---

21　李国梁（1990）「長崎華僑史蹟若干考察」『福建学刊』73 頁
22　安野真幸（1994）『長崎の唐人屋敷』中近東文化センター研究会報告 , 174 頁

第5章　渡来祭から見る地域の文化継承と観光化

がボディチェックをした。唐人が外に出ていく際に、ここでも改められた。それどころか、さらにその役人を監視している役人もいた。二の門からは一段と高くなり、その左には、制札場があった[23]。

　「大門」と「二の門」の間には日本人が入られ、魚や野菜、薪など唐人の日常生活で必要なものを売っていた。ただし、唐人屋敷乙名の発行した入門札を持った特定の商人と唐通士しか入られなかった[24]。また、「二の門」より中に入られるのは遊女だけであった。中には、二階建ての唐風建築や店以外、観音堂、土神堂、天后堂（関帝廟）、福建会館などが建てられた。唐船は一年のうち、春、夏、秋の3シーズンにわたり日本にやってきたので、唐人屋敷の住人は次々に変わっていった。個々の唐人にとって、日本に滞在する期間は長くなかった。あまりにも厳しく管理され、お祭りとか特別なことがないと、唐人屋敷の外に出られなかったわけである[25]。長崎市のホームページによると、「内部には、長屋数十棟が建ち並んでいたといわれ、長崎奉行所の支配下に置かれ、管理は町年寄以下の地役人によって行われていた。輸入貨物は日本側で預かり、唐人たちは厳重なチェックを受けた後、ほんの手回り品のみで入館させられ、帰港の日までここで生活していた[26]」。

　唐人屋敷は1784年の大火により関帝堂を残して全焼し、構造もかなり変わったが、この大火以後唐人自前の建築が許されるようになった。重要文化財としての旧唐人屋敷門（現興福寺境内所在）はこの大火の後に建てられた住宅門だとされている。百年の歴史を経ち、華僑社会は唐人屋敷を受容し、集住する意識となったきっかけの一つではないかと思われる。しかし、1859年の開国とともに廃屋化となり、1870年に焼失された。

## ②意味づけ

---

23　長崎市ホームページ「前掲稿」web
24　安野真幸（1994）『前掲書』176頁
25　安野真幸（1994）『前掲書』178頁
26　長崎市ホームページ「前掲稿」web

### ア.国際交流と貿易の正常化を保証

　当時の日本は鎖国政策をとり、閉鎖的ではあったが、長崎は唯一の港として海外との貿易を行っていた。中国人に対して管理的ではあっても、積極的に対応したのであった。また、唐人屋敷は密貿易を防ぐために作られたのであるから、ある程度から見れば、海外貿易の正常化を保証する手段となる。1685年―1721年の間に抜荷という日本に来航したオランダ人・中国人を相手に行われた密貿易は頻発していることに対して、唐人屋敷をはじめ、一連の対策を取り、それを鎮静した。

### イ.中華街の土台

　もともと日本人と雑居している唐人は、唐人屋敷に居住させられてから、決して自由に貿易することができるとは言えないが、逆にその規制が中国人の海外の集住意識を培い、それからの中華街の形成の主観基礎となったのではないかと思われる。何度もの大火に遭った唐人屋敷は結局廃墟化された。「新地」と呼ばれた唐船専用の倉庫に移住し、そこに住み付いてきた。「新地中華街」は日本の最初の中華街であるから、ほかの中華街の形成にも影響があったと思われる。

### ウ.地域振興への活用

　唐人屋敷の遺構としては、明治期に修復改装された土神堂、観音堂、天后堂、1868年に福建省泉州出身者によって建てられた旧八門会所、1897年に改装、改称された福建会館前門がある。これらは中日の国際交流の重要な遺跡として、長崎市の貴重な文化財に指定された。土神、観音、天后の3堂の遺跡は市指定史跡であり、福建会館は市指定有形文化財となった。長崎市では、歴史的景観を活かしたまちづくりとして平成13年度から唐人屋敷顕在化事業を取り組んでいる。唐人屋敷象徴門の建設などの拠点整備、住環境の整備など歴史を活かしたまちづくりを推進していく。また、長崎ランタンフェスティバルの会場の一つとして、集客効果があり、地域おこしに役に立っている。


## 5.5　長崎ランタンフェスティバル

第5章　渡来祭から見る地域の文化継承と観光化

### 5.5.1　概況

　長崎ランタンフェスティバルは毎年の冬、長崎市で行われているイベントである。きっかけは新地中華街に住む華僑が旧正月を祝う春節祭を利用し、街の振興を目指すことであったが、1994年より規模を拡大し、長崎市全体でのイベントとなり、中華街以外の場所にも中国提灯が飾られるようになった。旧暦の1月1日元日から15日の元宵節にかけて、新地中華街を中心に、1万5千個のランタンや点灯式のオブジェが飾られる。暦の関係で、毎年の開催期間は前後に移動する。

　長崎ランタンフェスティバルのホームページによると、主なイベントは以下のとおりである。

・点灯式：大晦日の夜に行われる。

・媽祖行列：期間中の日曜日の2日間。江戸時代、長崎に入港した唐船の乗組員たちが実際に行っていた行列であり、航海安全の神である媽祖の像を長崎港に入港した唐船から興福寺媽祖堂・唐人屋敷の天后堂や興福寺の媽祖堂に安置するための行列の再現である。ルートは最初の日曜日は孔子廟を出発点として、唐人屋敷などの6ヶ所を経由し、終点の興福寺に到着する。次の日曜日は復路で、興福寺を出発し、終点の孔子廟に戻る。

・皇帝パレード：期間中の2つの土曜日。清朝時代のお正月に、皇帝・皇后がそろい、町中に出かけ、民衆と一緒に新しい年を祝うのをイメージしたパレードである。皇帝と皇后のおみこしを中心に、旗隊など総勢約150名の一行が豪装を身に纏って市内を回る。毎年のルートは違っている。近年では、皇帝は長崎市長が演じ、皇后は有名な芸能人が演じてもらうこともある。

・胡弓演奏：期間中毎日。

・中国雑技団公演：期間中毎日。

　その他にも、獅子舞、竜踊り、婆劇など中国を代表するイベントや伝統芸能がある。

　上述した内容から見れば、中国の春節にちなんだランタンフェスティ

102

バルは、丸ごと春節の風習を踏襲することではなく、一部分を選択し、新たに作り出したイベントである。

### 5.5.2 主催

図5-2　長崎ランタンフェスティバル
出典：著者撮影

次に、主催者の長崎市について説明する。ランタンフェスティバルの運営組織について王維（2004:294頁）は以下のように述べた。

　　長崎市の方はランタンフェスティバルの運営組織として、1）企画幹事会、2）実行委員会、3）推進委員会という三つの部分を設けた。1）は振興組合と商工会議所をそれぞれ幹事長・副幹事長として、市（主に観光課）を事務局長として、観光コンベンション協会、各主要商店街の組合、長崎青年会議所、ネットワーク市民の会などによって構成される。2）は商工会議所の会頭と市の助役を正・副会長として、各商店街の理事長、地元にある銀行、航空会社、鉄道、商船、

第5章　渡来祭から見る地域の文化継承と観光化

大手旅行会社、ホテル協会などの会社組織の社長、支店長、会長などが揃って委員となる。3) はコンベンション協会、市、銀行、三つの主要商店街振興組合などによって構成される。

　長崎市の観光公式サイトによると、2017年長崎ランタンフェスティバルをサポートした協賛各社・団体の数は555軒であり、当地への影響も、規模もかなり大きかったことがわかる。
　生粋の中国の春節祭は、日本で定着するようになった渡来祭になり、この祭りにかかわっている人々は、中国の華僑や留学生だけではなく、相当の参加者は他文化の日本人であることから、この背景として華僑が長崎に住んでいる長い歴史に深い関係が考えられる。

### 5.5.3　ランタンフェスティバルから見た渡来祭の可能性と今後の課題
#### ①渡来祭の受容性
　日本は古来より、外来の先進文化を吸収する開放性とそれを日本化する主体性を持っている。しかし、少数民族の伝統的な祭りを認め、実施させることは簡単ではないと思われる。にもかかわらず、ランタンフェスティバルのような祭りは、半数以上の参加者が日本人である。しかし、こうした状況は、いかにして成立したのであろうか。また、渡来祭はどのように地元の文化と融合するのだろうか。

#### ②渡来祭と観光の関係
　祭とは、神霊や先祖に奉仕し、霊を慰めたり祈ったりする儀式である。現代社会では、そのような意味が薄くなってきた反面、地域おこしや観光資源としての側面が重視されつつある。長崎市2017年『市政概要』によると、長崎市に行われる13の主な観光行事の中で、ランタンフェスティバルは106万人の観光客を集め、長崎地元の独自の祭より、集客面ではるかに先頭を切っていたということが明確である。グローバル化の発展に伴い、他国の文化に触れるチャンスが多くなってきたのである。そう

した中、渡来祭は、異文化を表象するものの1つとして人々に異文化を理解してもらうだけではなく、観光資源ともなり、地域の活性化を推進する役割もあるのではないかと考えられる。

### ③渡来祭の移住者自身の社会与える影響

移住先の社会には日本人と移住者とが混在する。その場合、渡来祭はそれぞれの社会へ影響をおよぼすものと思われる。自文化意識が薄くなる2代目や3代目の移住者からすると、祭りを通じて、自らのルーツとなる文化への再認識が果たされ、文化の伝承が保証されるのではないだろうか。また、長崎ランタンフェスティバルで行われたイベントは現在の中国国内で行われたのと大きな差異がある。むしろ華僑社会が創出し、日本社会に向いている新たな春節祭といっても過言ではない。その際、自民族に対する自我実現感やアイデンティティも再構築されるのではないかと思われる。

### まとめ

華僑華人は移住先に住んでいるうちに、居住地の国に特徴づけられるのは当然なことである。それに従い、自民族のアイデンティティも知らず知らずのうちに同化されるようになるかもしれない。しかし、民族性は母国の文化の存続にかかわっている重要な特徴であるので、それを継承するため、いろいろな措置を取らなければならない。本稿では、華僑華人の移住史を分析し、教育、伝統活動、コミュニティ、僑郷とのコミュニケーションの四つの手段を通し、民族文化の継承をめぐり検討した。

そのうち、唐人屋敷は長崎の華僑華人社会の形成と発展に大きな影響をもたらしてきた。文化財にも登録され、研究価値がある史跡である。景観としても観光地となり、その歴史を多くの観光客に伝えていく役割もある。また、毎年旧正月の2週間に盛んに行われた長崎ランタンフェスティバルにとっても無視できない存在である。長崎ランタンフェスティバルのような渡来の祭りの普遍性については、今後新しい課題として研究を続け

たい。


## 参考文献

荒野泰典（2008）「近世中期における長崎貿易体制と抜荷―海禁論の一例証として」
『史苑』70（1）, 95-117頁

安野真幸（1994）『長崎の唐人屋敷』中近東文化センター研究会報告

安野真幸（1996）『近世初頭の華僑社会と唐人貿易の研究』科学研究費補助金研究成
果報告書

馬場裕子（2014）「大陸系中華学校による国際化・多文化化への試み」『Core Ethics』
10, 203-214頁

陳昌福（1985）「日本華僑社会形成初探」『上海師範大学学報』（1）90-97頁

中国与全球化智庫（2015）『中国国際移民報告（2015）』社会科学文献出版社

張洪雲（2011）『南洋華僑教育研究』河南大学修士論文

外務省（n.d.）「ホームページ」https://www.mofa.go.jp/mofaj/,2018年11月25日閲
覧

法務省(n.d.)「ホームページ」http://www.moj.go.jp/, 2018年11月25日閲覧

呉勇毅（2010）「新時期海外華文教育面臨的形式及主要変化」『浙江師範大学学報』
35（2）,13-15頁

李良姫（2015）「伝統文化の観光資源化と課題――神楽公演を中心に」『観光研究論
集』（14）,51-57頁

石井由香（2003）『移民の居住と生活』明石書店

韓立紅(2006)『日本文化概論』南開大学出版社

裴暁蘭(2007)『日本における華僑・華人教育に関する研究』早稲田大学博士論文

梅彬(2015)『世界唐人街』広東人民出版有限公司

村井淳（1994）「スターリンの民族問題についての思想と政策」『ロシア・東欧学会
年報』23,76-84頁

長崎市(2016)『市政概要2016年』長崎市

長崎市ホームページ（n.d.）「唐人屋敷の歴史概要」, http://www.city.nagasaki.lg.jp/sumai/660000/669001/p006894.html　2018年11月30日閲覧

根橋正一（2014）『江戸時代長崎の中国人遊客』流通経済大学社会学部論叢

王維（2001）『日本華僑における伝統の再編とエスニシティ――祭祀と芸能を中心に』風響社

李国梁（1990）「長崎華僑史蹟若干考察」『福建学刊』1,73-74頁

廖赤陽・王維（2002）「全球化背景下的地方先導与伝統塑造」『国家・地方・民衆的互動与社会変遷国際学術検討会第九回中国社会史年会論文集』414-422頁

廖赤陽・王維（2004）「ローカル・イニシアティブにおける伝統の創造--長崎ランタン・フェスティバル（春節祭）とニュー・エスニシティ」『東洋文化研究所紀要』146, 308-285頁

崔振雪（2012）「文化表象的利用与文化認同――長崎春節祭試析」『神州民俗』第196期,34-37頁

崔振雪（2013）『長崎の華僑社会における春節祭の研究』寧波大学修士論文

司馬遷（1972）『史記一百一十八 列傳篇 淮南衡山列伝』中華書局

斯波義信（1995）『華僑』岩波書店

岑仲勉（1959）「西漢対南洋的海道交通」『中山大学学報』（4）146-154頁

庄国土（2011）「世界華僑華人数量和分布的歴史変化」『世界歴史』（5）,4-14頁

庄国土（2011）「中国価値体系的重建与華僑華人」『南洋問題研究』（4）,1-7頁

章潔（2011）「長崎ランタンフェスティバルにおける「共生」と「協働」」『観光学論集』6, 1-9頁

章潔（2012）「長崎ランタンフェスティバルの祭り空間に関する研究」『観光学論集』7, 3-12頁

章潔（2014）『長崎の祭りとまちづくり』長崎文献社

菅原幸助（1979）『日本の華僑』朝日新聞社

須山卓他（1990）『華僑』NHKブックス

太田勇（1998）『華人社会研究の視点』古今書院

太鼓山（2007）「中国唐文化と長崎」http://nagasaki-r.seesaa.net/category/4388580-4.html,　2007年12月19日

鄭一省他（2012）『庄国土教授訪談録』八桂僑刊

山下清海（2000）『チャイナタウン・世界に広がる華人ネットワーク』丸善ブックス

山下晋司（1997）『観光人類学』新曜社

## 6章

# 日本のインバウンド観光におけるコト消費

~ 台湾からの訪日旅行者向けの煎茶体験プログラムを事例に ~

**郭 淑娟**

**はじめに**

近年、交通の発達、情報通信革命、グローバル化の進展などに伴い、旅行客の国際移動が増加している。国土交通省（2018a）によると、2017年の世界全体の国際観光客数は前年より8,300万人増（対前年比6.7%増）となり13.2億人を記録した。2009年はリーマンショックの影響から減少したが、それ以降は8年連続での増加となった。また、UNWTO（2018）によると、2018年の最初の半年間の世界全体の国際観光客数は、2017年の同時期より6%増加した。

国際的に移動する旅行客が増加する中で、国土交通省（2018a）によると、訪日外国人旅行者数も、2003年の521万人から増加を続け、2014年には初めて1,000万人を超えた。この増加傾向は続き、2017年には、過去最高であった2016年の2,404万人を更に上回る2,869万人となり、5年連続で過去最高を更新した。2017年の訪日外国人旅行者の内訳は、多い順に、中国736万人（25.6%）、韓国714万人（24.9%）、台湾456万人（15.9%）、香港223万人（7.8%）と続いており、アジアからの訪日外国人旅行者が2,434万人（84.8%）を占めている。また、観光庁（2018a）によると、2017年の観光・レジャー目的の訪日外国人旅行者のリピーターの構成比では、韓国（30%）、台湾（25%）、中国（18%）、香港（13%）の順に多く、東アジア近隣4ヶ国・地域で86%を占めている。

109

訪日外国人旅行者の増加の背景として、2003年、日本政府が、外国人の誘致に取り組むために「ビジット・ジャパン事業」を開始したことが挙げられる。また、訪日観光ビザの要件緩和[1]、LCCの効果[2]、アベノミクスに伴う為替レートの円安の進行、消費税免税制度の拡充などの政策の影響があったと考えられる。さらに、国土交通省（2018b）によると、多言語表記をはじめとした外国人の受入環境整備、インバウンド関係者のプロモーションによる需要喚起等の効果も、訪日外国人旅行者数の増加に寄与したと考えられる。2013年9月にオリンピック・パラリンピックの東京での開催が決定してから、2020年の東京大会に向けた投資や受け入れ環境の整備も加速しており、2020年に4,000万人にするとの政府の目標に向け訪日外国人旅行者の数が順調に増え続けていると考えられる。

　次に、訪日外国人旅行者の消費傾向を見ると、訪日外国人旅行者の中には、日本滞在中の旺盛な消費活動にとどまらず、自身や家族などの訪日をきっかけに、日本の商品を通信販売で購入する人もいる。国土交通省（2018a）によると、訪日観光時に止まらず、帰国後も越境電子商取引を通じて日本製品を購買する消費行動を「越境EC」と呼ぶ。こうした越境ECなどの観光に伴う経済効果から、日本経済における訪日外国人旅行者のインバウンドによる観光産業の果たす役割は重要さを増しつつあると言えよう。また、訪日外国人旅行者の消費の関心が「モノ消費」から「コト消費」に拡大する傾向も見られるようである。

　本稿では、国土交通省（2018a）の定義にならい、モノを所有することに価値を見出し、欲しいモノを買うことが目的の消費を「モノ消費」、商品やサービスを購入したことで得られる体験に価値を見出し、何かをすることが目的の消費を「コト消費」と定義する。国土交通省（2018a）は、昨今の「コト消費」を求める訪日外国人旅行者のニーズに応えることは、訪日外国人旅行消費額全体の拡大に向けて重要な要素になると説明している。

---

1　外務省（2018）「ビザ・日本滞在」https://www.mofa.go.jp/mofaj/toko/visa/index.html, 2018年11月23日アクセス。

2　国土交通省（2018b）『国土交通白書2018』第6章第1節3「航空ネットワークの整備」http://www.mlit.go.jp/hakusyo/mlit/h29/hakusho/h30/index.html, 2018年11月23日アクセス。

こうした背景を考慮し、本稿では、訪日外国人旅行者を対象とするインバウンドの観光におけるコト消費について検討したい。

## 6.1. 既存資料の検討

　国土交通省（2018a）によると、訪日外国人旅行消費額全体に占める娯楽等サービス費[3]の割合は、2015 年以降 3 年連続で拡大し 2017 年は 3.3% となった。また、訪日外国人旅行者のうちその費目に支出した者の割合としての「購入率」で娯楽等サービス費をみると、2012 年には 21.5% であったが、2017 年は 35.7% と約 1.7 倍に拡大しており、「コト消費」の増加が読み取れると述べている。このことから、本稿では、訪日外国人旅行者のコト消費に注目する。

　さて、異文化体験や異文化交流の視点から日本人旅行者を対象とする海外団体パッケージツアーの構造を分析した山川（2016）は、個人の旅行者がパッケージツアーを始めとする団体旅行のような他律的観光のプレーヤーとしての旅行者から、個人旅行のような自律的観光のプレーヤーとしての旅行者に進化あるいは成長するためには、異文化世界でのコミュニケーションを円滑におこなう必要があると説明している。このことから、旅行者が個人旅行を行おうとする時には、異文化空間としての海外の旅行先でその土地の「文化コード」を旅行者が正しく解読し、旅行者自身が実践していく必要があると考えることができるであろう。

　本稿では、「文化コード」とは、人々がコミュニケーションをとる際に使う行動パターンや考え方などの文化的な要素に関する知識といった意味であると考えられ、異文化コミュニケーションの現場で重要な、礼儀や倫理観も含む概念であると考える。このことから考えると、「文化コード」の解読と実践は、首相官邸（2017）が指摘する訪日外国人旅行者の旅行

---

3　観光庁（2018b）「訪日外国人の消費動向：訪日外国人消費動向調査結果及び分析：2018 年 1-3 月期（速報）報告書」http://www.mlit.go.jp/common/001250077.pdf, 2018 年 11 月 23 日アクセス。これによると、娯楽等サービスには現地ツアー・観光ガイド、ゴルフ場、テーマパーク、舞台・音楽鑑賞、スポーツ観戦、美術館・博物館・動植物園・水族館、スキー場リフト、温泉・温浴施設・エステ・リラクゼーション、マッサージ・医療費、展示会・コンベンション参加費、レンタル料などが含まれる。

形態が団体旅行やパッケージツアーではない個人旅行の割合が2012年の60.8%から2017年の75.7%に増えた現象と密接に関係していると考えることができる（図6.1）。

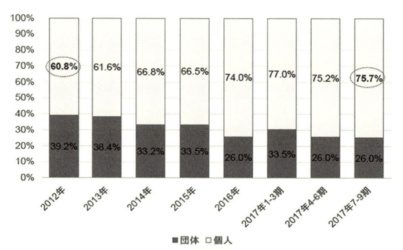

図6.1　訪日外国人旅行者の旅行形態

出典：首相官邸（2017）web

　例えば、日本の「文化コード」を解読し実践できるようになった外国人は、それが最初の訪日でも何回目かの訪日でも、自律的に魅力的な観光の内容を見つけて旅行するようになるかもしれない。なお、団体旅行を好む旅行客の中には、必ずしも「文化コード」を解読できない人ばかりではなく、敢えて手軽な旅を好む人なども含まれていると考えられる。

　更に、「文化コード」は、旅行客がリピーターになるかどうかにも関わっていると考えられる。日本の文化コードを解読し、日本の良さを自分なりに見つけることができるようになった旅行客は、きっと日本に再び訪れたいと思うようになるのではなかろうか。実際、観光庁（2018a）によると、日本を訪れるリピーターの訪日外国人旅行者数は2012年の528万人から2016年の1,426万人へと増加し続けている。ここでのリピーターは

個人旅行客とは限らないが、今後の観光の振興を考える上では、「文化コード」への配慮に加えて、個人旅行と団体旅行を問わず増加すると考えられるリピーターへの対応や、リピーターの満足を考慮した観光開発が重要であることがわかる。

また、訪日外国人旅行者の日本におけるコト消費について、株式会社矢野経済研究所（2016）は、「日本の文化や歴史に興味を持っている訪日外国人旅行者も多く、体験を通じて日本の食や文化を理解できることも、喜ばれるサービス、もてなしである」とのべ、訪日外国人旅行者は日本人が利用しているサービスをそのままに近い形で利用することを望んでいることや、自社のサービスを多言語で発信できる人材の育成が望まれることを述べている。また、訪日外国人旅行者の滞在期間は限られていることを指摘した上で、訪日外国人旅行者は予定を詰めこんだ計画であることが多いと推測されること、金銭のみならず時間に対する配慮も必要であること、モノ消費の中心は都市部、コト消費は都市部に加え、地方の体験アクティビティなどでも行なわれていると考えられること、それ故に地方での消費が旅程に含まれている場合、移動にかかる時間やお金の負担が加算されること等を説明し、こうしたことを考慮する必要があると考えられることを指摘している。

## 6.2. 研究目的と研究方法

以上の検討を踏まえ、本稿では、近年重要さを増しつつある観光産業の振興のために、訪日外国人旅行者のインバウンドによる観光産業に注目し、訪日外国人旅行者の中でも、特に今後の成長が期待されるコト消費に焦点を当てる。そして、インバウンドを拡大するための魅力的な新しいコト消費のコンテンツ開発について検討し、日本の観光の発展に貢献することを目的とする。

研究方法は、文献研究と筆者の体験及び聞き取り情報に基づく訪日外国人旅行者向けのコト消費のコンテンツの検討である。

## 6.3. 台湾からの訪日外国人旅行者向けコト消費としての日本の「お茶の文化」の体験

　最近、海外では、抹茶が流行している。訪日外国人旅行者が多く訪れるお土産物屋さんの店頭には、抹茶を使ったお菓子がズラリと並んでいる。筆者自身も、昨年、京都の宇治に行ったときには、お茶屋さんの営むカフェで、薫り高い茶そばや、抹茶アイスを使ったパフェを頂いた。また、六義園を訪れた時には、紅葉が美しい日本庭園を眺めながら、落ち着いた雰囲気の日本建築のお座敷で、大きなお茶碗に入ったお抹茶と、美しい和菓子を頂いた。床の間の掛け軸や、花瓶に生けたお花など、日本のお茶の文化は総合芸術であることを知った。また、筆者はカルチャースクールで煎茶道を体験し、茶の湯を含む日本のお茶の文化の広がりを知るようになった。

　このような素晴らしい体験もあり、筆者は、日本のインバウンドの新しいコト消費のコンテンツについて考えるときには、日本の素晴らしいお茶の文化を活用できると考えている。

　ところで、訪日外国人旅行者が多い中国、韓国、台湾、香港の茶葉の1人当たり年別推計域内消費量を比較すると、以下の表6.1のようになる。

表6.1　人口1人当たりの年別推計域内茶葉消費量（単位：キログラム）

| (年) | 2010 | 2011 | 2012 | 2013 | 2014 | 2015 |
|---|---|---|---|---|---|---|
| 中国大陸1人当たり推計消費量 | 0.9 | 1.0 | 1.1 | 1.2 | 1.3 | 1.4 |
| 台湾1人当たり推計消費量 | 6.5 | 6.2 | 5.9 | 5.7 | 6.1 | 5.5 |
| 香港1人当たり推計消費量 | 0.4 | 0.4 | 0.4 | 0.4 | 0.4 | 0.5 |
| 韓国1人当たり推計消費量 | 0.0 | 0.0 | 0.0 | 0.1 | 0.1 | 0.1 |

【註】：（人口1人当たりの年別推計域内茶葉消費量）＝〔域内の茶葉の生産量）＋（域

外からの茶葉の輸入量）-（域内からの茶葉の輸出量）〕/（域内推計人口）。ただし、不発酵茶、半発酵茶、発酵茶を含んでおり、また、産業利用等も含むため、実際に個人が生活で消費する量よりも多めに表示されていると考えられる。なお、茶葉を食べる食用茶を除く。茶葉の生産量、輸出量、輸入量は「FAOSTAT」、推計人口は、国連の「World Population Prospects 2017」の各地域の各年データを使用し筆者が作成。

　表6.1によると、訪日外国人旅行者が多い上位4地域の中で、台湾の各年の1人当たり推計域内茶葉消費量が特に多いことがわかる。この値は、産業利用での茶葉の消費量も含まれていると考えられることから、個人の日常生活の消費量よりも多く表示されていると考えられるが、この数値からは、台湾の経済社会の活動が、検討対象の4地域の中で、その人口の規模に比して特に多くの茶葉を消費していることを読み取ることができると言えよう。

　観光関連サービス産業を調査し訪日外国人旅行者の消費促進について検討した株式会社矢野経済研究所（2016）は、企業、団体側に求められるインバウンド消費への対応として、「今後はアジア、欧米豪の地域別の対応を考えていくことが底上げにつながる」と指摘している。このことから、本稿でも、分析対象を特定の地域に絞り込むことを考える。そこで、まず、本稿では、訪日外国人旅行者に向けたコト消費コンテンツの開発のうち、特に、日本のお茶の文化を活用するコト消費について考えることとし、更に、そのターゲットとしては、特にお茶に親しみを持っていると考えられ、日本での文化体験にも関心を持ってもらえると期待できる台湾からの訪日旅行者を想定することにする。

　まず、ここでは、お茶の文化を活用したコト消費について本格的に検討する前に、本稿で検討するコト消費のターゲットとしての台湾からの訪日旅行者の特徴について振り返る。観光庁（2018a）によると、台湾からの訪日旅行者の特徴は、2017年の観光・レジャー目的の訪日外国人旅行者に占める訪日回数2回目以上の「訪日リピーター」の割合が80%、10

回以上日本を訪れている「訪日ヘビーリピーター」の割合が15%、台湾からの訪日リピーターのうち、2~9回目のリピーターは20~30代の女性が34%を占め、10回以上のリピーターは30~40代の女性が40%を占める。また、台湾の訪日旅行者は、訪日回数が多いほど、自分ひとりで日本を訪れるケースが増え、宿泊料金と飲食費が増加する傾向が読み取れる。

　更に、台湾の訪日旅行者の日本滞在中の行動のうち、主にモノ消費を指すと考えられる「ショッピング」について、訪問回数が1回目、2~9回目、10回以上の順に回答結果を並べると、「今回したこと」は91%、91%、89%、「次回したいこと」は47%、46%、45%であり、次の訪日の際には、モノ消費としてのショッピング以外の何かに関心が向かう傾向が読み取れる。また、具体的なコト消費であると考えられる「日本の酒を飲むこと」と「温泉入浴」については、「今回したこと」の割合が訪問回数とともに増加する傾向があると考えられる。「今回したこと」の割合の具体的な数値を訪問回数が1回目、2~9回目、10回以上の順に並べると、「日本の酒を飲むこと」は25%、31%、40%、「温泉入浴」は33%、37%、49%であり、訪問回数が増えるとともに増加している。即ち、台湾からの訪日旅行者のリピーターは、訪問回数が増えるとともにショッピングなどのモノ消費以外にもやりたいことを見つけるようになり、そのような状況で「日本酒を飲むこと」や「温泉入浴」など、魅力的なコト消費の対象を見つけると、その活動に加わって消費するようになるのではないかと考えられる。このことから、台湾からの訪日旅行者に向けたコト消費のコンテンツを開発する際には、魅力的な選択肢を増やしておくことが重要であると考えることができるであろう。

### 6.4.　分析の前提条件

　スティグリッツ（2012）によると、「効用（utility）」とは、財のある組み合わせを選択することによって得られる個人の楽しみの水準であり、「限界効用（marginal utility）」とは、個人がある財を追加的にもう1単位消費することから得られる効用または楽しみの増加である。また、慶田ら

（2015）は、消費に関しては、消費の量を増やすことで増える効用が次第に小さくなる『限界効用逓減の法則』というものがあると述べている。

　そこで、本稿の分析においては、台湾からの訪日旅行者がリピーターとして日本でショッピングなどの活動を行うとき、同じ活動であればその経験回数が多くなるほど、その活動から得られる効用が逓減するという仮定、即ち、訪日の回数や体験の回数が多くなるほど満足感などの効用の増え方が弱くなっていくという仮定を分析の前提条件として設定する。先に観光庁（2018a）のデータを示した通り、台湾からの訪日旅行者は、その訪日回数の経験に関わらず、「ショッピング」の「今回したこと」の割合よりも「次回したいこと」の割合が低く、次回の訪日には別のこともやってみたいと思う傾向を読み取ることができる。このことから、台湾の訪日旅行者の日本での活動の選択という現実の問題の分析に、上記の限界効用逓減の法則が成り立つと思われる場合があるといえよう。故に、本稿の分析において、台湾からの訪日旅行者の消費内容の選択において、訪日回数の増加に伴い「限界効用逓減の法則」が成り立つ傾向があるとの前提を置くことには、一定の妥当性があると考えられる。

　次に、日本での活動の選択で「限界効用逓減の法則」が成り立つと想定した台湾からの訪日旅行者の行動選択と先に言及した「文化コード」とのかかわりについて検討する。以下では、「文化コード」という用語を1節より詳しく定義して、ある文化を支配する価値観の体系やそこから生み出される判断や行動の特徴を知っている人には解読できるが、その文化になじみが薄かったり、他の文化の価値観に沿って生活している人々には解読したり行動に反映させたりすることが難しい考え方や規範、という意味を表す言葉として使用する。したがって、台湾からの訪日旅行者が、日本の「文化コード」を解読して使いこなすことができるようになれば、「日本に来てショッピングをする」という行動の他に、「日本に来てコト消費をする」という行動へと、日本での体験への関心と選択肢を自律的に広げてくれる可能性があるのではないかと考えられる。

　その意味で、異なる文化圏から日本を訪れる訪日外国人旅行者の日本

における文化体験などのコト消費に対する需要を喚起するためには、予め日本の「文化コード」を理解してもらい、多少なりとも日本の文化に親近感をもってもらうことが重要であることがわかる。

## 6.5. お茶の歴史

それでは、台湾からの訪日旅行者をターゲットとするコト消費のコンテンツに日本のお茶の文化を活用するというアイデアについての検討を始める。以下では、まず、台湾と日本のお茶の文化の歴史について振り返り、両者が異なる特徴を持ちながらも、互いに関わり合いがあった状況の中で発展してきたものであることの説明を試みる。

日本の最近のお茶をめぐる状況を振り返ると、近年、台湾のタピオカミルクティを扱うお店が続々と日本に進出するようになった。日本のお抹茶やお煎茶は甘くなくて、お茶とは対照的に甘いお菓子との相性が良く、他方、台湾のお茶は、甘さや香りなどが加えてあるものも多く、そのためか、お茶に合わせるお菓子は日本のものほど甘くないものも多い。また、日本ではかなり早くから烏龍茶のボトル飲料が普及していたが、以前は主に中華料理店などでしか飲まれていなかったジャスミン茶も、最近では、ボトル飲料にして売られているのをよく見かけるようになり、台湾や中国のお茶が、日本人にとってより身近なものになりつつあると言ってよいであろう。

### 6.5.1 台湾のお茶の歴史

次に、お茶そのものの歴史と、お茶の産業や文化の形成過程において日本から大きな影響を受けた台湾のお茶に関わる歴史を振り返る[4]。具体的には、遠い昔に喫茶がはじまって発展し、やがて、台湾に伝わり定着するまでの歴史を、既存資料に基づいて概観する。

お茶そのものの歴史について書いた幾つかの書籍[5]では、唐代の茶人陸

---

4　以下は、平田（2007）、小川監修（2010）、林（1997）、河原林（2003）、柯（2010）等から抜粋した内容を筆者が整理して記載。
5　平田（2007）、小川（2010）に基づく。

118

羽が、その著書『茶経』の冒頭に記した「茶は南方の嘉木である」という言葉を引用し、これは茶樹が亜熱帯を中心に植生する植物であることを表すと説明している[6]。また、喫茶は、周代に巴（重慶市周辺）を中心に発生し、茶の嗜好品や薬としての効果を求める人たちの間で広がり、すでに漢代には茶が流通していたとされている。そして、南北朝時代に、禅宗を中心に喫茶が広がり、中国各地の寺院での茶園経営につながり、唐代には、中国各地に多くの茶産地があったらしいとされている。また、唐代には、アラブやチベットなどの周辺辺境国家へも、唐の文化とともに茶が伝播し、宋代、明代、清代を通じて、中国の広い範囲で茶園が経営され、1885年（清代）には台湾へも茶樹が移植されたとされている[7]。

　台湾のお茶の歴史については、林（1997）によると、18世紀初めから19世紀初めの清朝期には、現在の台湾の南投縣である水沙連のみに野生の茶が生えていたが、先住民の居住地域であったため採取が難しく、産出量は極めて少なかった。19世紀に福建省から武夷茶が北部台湾に移植され、開港後は、茶の栽培が徐々に盛んになり、彰化から石門の間にある丘陵台地は台湾の重要な茶の産地に発展した。後に台湾中部でも茶が栽培されたが、台湾南部では乾燥と高温のため何度も移植が失敗し、栽培が発展せず、山間部に少量の野生茶がある以外、南部では茶の生産が行われなかったという。

　次に、開港以降の台湾の茶業の産業発展を振り返る。河原林（2003）によると、台湾の茶業は、台湾茶が外国資本によって輸出され、輸出産業として成立した。19世紀後半の開港を契機に誕生したイギリスの経済的利害を反映させた産業であり、茶輸出は年々急速に増大し、利益は生産者にも還元され、貿易額では茶が砂糖を上回り、輸出品目の首位になった。また、台湾茶は一般に、烏龍茶・包種茶の二種類が知られており、後に紅茶

---

6　茶樹は、植物学ではツバキ科（Theaceae）、ツバキ属（Camelia）の多年性常緑樹で、被子植物に分類され、原産地は、雲南省西南のミャンマー、ラオス、タイ、ベトナム、カンボジアに接したメコン川上流の地域が中心と考えられているようである。例えば、平田（2007）を参照。

7　本段落の以上の部分については、平田（2007）を参照。

も生産されたが、近代台湾の茶業を支えたのは前者の二種類である。そして、日本による統治以前の段階で、台湾茶業は華商が主導的に活動する構造へと変化していたという。

その後の日本による統治時代[8]には、初期から1910年代にかけて、総督府は烏龍茶輸出補助に重点を置き、茶商は公會設立による団結力を背景に包種茶振興を模索した。1920年代には総督府が生産者重視の政策へと転換して茶農振興が本格的に開始されたが、総督府の直接的な支援を受けない台湾の茶商は、在東南アジア華僑と連携して東南アジアへ包種茶の販路を拡張した。1930年代に入ると、台湾の茶業は世界恐慌による東南アジア市場の喪失を受け市場を満洲へ転換しなければならなくなり、総督府は、最終目標である生産者による流通・輸出部門への進出を開始したが、台湾の茶商は独自に満洲での新販路を開拓した。しかし、1940年代には、総督府の茶業管理部門が公會に移管され、台湾の茶商が台湾の茶産業を掌握することになったという。

さて、台湾の茶文化は、日本の茶文化と同じくもともとは中国大陸から伝来した文化である。また、第二次世界大戦が終わるまでは、日本との交流が盛んであったため、台湾の茶文化の作法、茶器、思想などが日本から影響を受けた。第二次世界大戦が終結し、1950年代後半になると、台湾の茶業は顕著な復興をとげて北アフリカ市場に進出しはじめ、国際市場で活躍するほどまで成長するが、1970年代以降、文化、芸術が重視されるようになり、台湾の人々は、中国大陸から伝来した茶文化を基礎にして台湾の茶文化を変化させていった。1977年には、当時の中国民族学会理事長であった婁子匡が台湾茶文化を表す「茶芸」という専門用語を発表し、以後、この用語が台湾の茶文化を表す用語として定着し、これにより、独特な台湾茶芸文化が成立したとされている。更に、中国大陸では、1949年中国に成立した中国共産党のもと、物資不足で飲茶風俗が衰退し、1966年の文化大革命の時期に飲茶風俗は一度中断した。その後、中国大陸の人々は、80年代に台湾の茶芸を参考にして、清朝の時代に形成され

---

8　本段落の内容は、河原林（2003）に基づく。

た工夫茶[9]と結びつけ、娯楽性が高い茶文化を発展させたという[10]。

　このように、台湾のお茶の歴史は、日本をはじめとする台湾の外の地域の歴史と密接に関係しながら発展してきた。そのため、台湾の人々は、他の地域のお茶の文化には台湾のお茶の文化と似ているところや違うところがあること、或いは、地域ごとのお茶の「文化コード」に類似性と多様性があること等を、比較的容易に理解できるのではないかと考えられる。このことから、台湾からの訪日旅行者が日本のコト消費としてのお茶の文化体験に関わる時には、台湾の人々ほどにはお茶に対して日常的に接していない他の地域の人々と比べると、潜在的にはプログラムになじみやすく興味を持ちやすい文化的背景を持っているのではないかと考える。以上の検討から、台湾からの訪日旅行者に向けたコト消費のコンテンツを開発する際に、日本のお茶の文化を活用することには、一定の合理性があると考えることができるであろう。

### 6.5.2.　日本のお茶の歴史

　次に以下では、訪日外国人旅行者を受け入れてコト消費のコンテンツを提供する側である日本のお茶の歴史について既存資料の情報を整理する[11]。

　喫茶の風習は、平安時代初期、遣唐使によって日本にもたらされたとされている。日本の喫茶の確かな記録は『日本後記』の「弘仁六〔八一五〕年四月条」であり、それによると、平安時代のはじめ、嵯峨天皇が近江の唐崎に行幸され、崇福寺に立ち寄られた際に、大僧都永忠が梵釈寺で茶を

---

9　社団法人農山漁村文化協会（2008）によると、「工夫茶」とは、宋代から福建で始められた、小さな茶杯を用いる「小杯茶（シャオペイチャ）」という飲み方が発展、変化した喫茶法である。広東省、福建省および台湾などでは、小さな茶杯を使って半発酵茶を愛飲する人々が多いが、この半発酵茶を淹れるのに非常に手間をかけることから、その淹れ方を「工夫（コンフチャー）」と呼ぶ。工夫茶には一式の専用の茶器を用いる。半発酵茶を特に重視する広東の潮仙地区（潮州・仙頭地域）の人々は、炉、炭、扇から急須、茶杯、茶こぼしまで10種あまりの道具を持っているという。こうした喫茶法や茶器の変遷があり、工夫茶にはその特徴ともいえる、小ぶりの茶壷と茶杯が用いられるようになった。

10　本段落中の以上の部分については、社団法人農山漁村文化協会（2008）、柯（2010）を参照。

11　ここでは、井上（2009）、主婦の友社（1988）、社団法人農山漁村文化協会（2008）、小川（2010）、寺本（2006）等から抜粋した内容を筆者が整理して記載。

第6章　日本のインバウンド観光におけるコト消費

煎じて天皇に献じた。当時の唐の文化人たちの間で、喫茶の風習が流行していたので、永忠は、唐に滞在していた時に、喫茶の法を身につけたのではないかと考えられている。こうして、お茶は、まず、国際色豊かな唐の文化に強い関心を示し、陸羽や盧同を源流とする『茶歌』の清風の茶で表わされるような喫茶の精神的世界に憧れた天皇や貴族たちの間に広まった。

　お茶が日本に本格的に定着したのは、それから約300年の空白期間を経た後の鎌倉時代であったとされている。[12]宋から帰国した栄西禅師は、それまでの団茶（餅茶）にかわる新しい喫茶法として抹茶の法を中国から持ち帰り普及に努め、建保二年（1214年）には、酒毒に苦しむ時の将軍源実朝にお茶の功徳を説いた『喫茶養生記』を献上した。また、栄西が持ち帰ったお茶は、その薬学的効果が注目され、修行中に襲ってくる睡魔を除去するため、禅僧たちの間に浸透していったという。鎌倉末期には、お茶が貴族や武士の社交の場にも登場するようになり、「会所の茶」が拡大し、南北朝時代には、茶を飲み分けて銘柄を当てる「闘茶」というゲームが流行した。15世紀後半には会所の茶が整備された後、村田珠光によって「侘び茶」が創出され、武野紹鴎に受け継がれ、16世紀後半に千利休によって確立された。

　続いて、製茶の技術革新があり、お茶の需要と供給が拡大する時代に入る。[13]元文3年（1738年）、永谷宗円により宇治製法が開発され、針状の細長く揉まれた、現代日常的に飲用されているものと変わらない煎茶が生産されるようになった。これを契機に、後で述べる通り、陸羽・盧同に通じる風雅清貧の喫茶方式である煎茶道が誕生し、文人墨客の間に広まったとされている。18世紀後半から、煎茶は抹茶を凌駕していき、幕末開港期から第1次世界大戦期には、重要な輸出品になった。当時の日本は、生糸、茶等の一次産品を輸出して獲得した外貨をもとに、近代産業の育成を図っていた。

　近世まで限られた地域における小規模生産にとどまっていたお茶は、

---

12　本節の内容は、主に井上（2009）、寺本（2006）、小川（2010）に基づく。
13　本節の以下の内容は、主に社団法人農山漁村文化協会（2008）と寺本（2006）に基づく。

122

安政5（1858）年に結成された通商条約（安政の五カ国条約）に基づく開放体制への移行を契機に一躍脚光を浴び、アメリカ市場が最大の輸出先となった。明治から第一次世界大戦まで、日本で生産された茶の60~90%がアメリカ市場で消費された。

明治20（1887）年頃までの輸出総額に占める茶の割合は概ね15~20%に達し、35%を超える年もあったとされる。明治後半期に至り、花形輸出品として発展してきた日本茶に衰退のきざしが見え始める。そして、日本のお茶の商品としての性格は重要輸出品ではなく、国内向け嗜好飲料に変わっていった。お茶が日本人の生活に根づくのは意外に新しく、大正期末から昭和初期の頃とされている。戦後の日本の茶業史は、1945年10月連合国総司令部から輸入食料の見返物資に指定され、同年12月、農林省が茶業振興5か年計画を策定したことに始まる。やがて輸出が軌道に乗り始めると、それに刺激される形で、生産量も回復し、1952年には5万6,780tを記録し、ようやく戦前の水準にまで戻った。その後、茶業界の販売拡大戦略の重点は国内市場に置かれ、メディアを利用しての宣伝活動も活発に行われるようになった。

## 6.6. 煎茶の文化

次に、日本の煎茶の文化について筆者自身の経験も踏まえながら検討し、今後の日本の新しいインバウンドの観光におけるコト消費のコンテンツとしての煎茶の課題と発展可能性について展望したい。

日本の茶道には、抹茶の他に煎茶の茶道がある。ここでは、まず、煎茶の文化について振り返る。主婦の友社（1988）によると、江戸初期に中国から伝えられた煎茶趣味が日本の文人たちの間に広まり、江戸末から明治に隆盛した。煎茶趣味の精神的基礎を江戸中期に出た高遊外売茶翁の精神に求め、趣味の世界から一つの文化が形成され、やがて煎茶道として一般に広まったという。形式至上の世界でなく、一定の形式はあるものの、むしろ文人たちの育てた自由をたいせつにしている。煎茶、玉露、番茶など各種のお茶が用いられるが広く煎茶道の名が用いられる。現在は玉露が

大半となっている。文化的には、茶器に限らず、広い分野の工芸品、書画など幅広い分野に及ぶとされている。このことから、コト消費の供給側である日本では、長い歴史の中で培われた煎茶という個性的で魅力的な文化の蓄積があることがわかる。

　続いて、日本のコト消費の消費者候補である台湾のお茶の様子を概観する。最近の日本のお茶の文化を見ると、抹茶が広く海外から注目を受けており、台湾で見かける茶道の体験プログラムも抹茶が主流で煎茶は稀であり、台湾の観光の公的機関[14]と台湾語で表記されている日本の政府のウェブサイト[15]が紹介している茶道の体験プログラムも抹茶のみである。その意味では、抹茶に関わる「文化コード」の解読は、今や、多くの外国人にとってその難しさが緩和される傾向にあると言え、それ故に、抹茶による茶の湯の文化をコト消費のプログラムに活用することもできそうであると言えよう。

　しかし、筆者は、煎茶を用いたコト消費のコンテンツも、抹茶による茶の湯の体験プログラムに負けない魅力を発揮するコト消費の選択肢として発展する可能性があるのではないかと考えている。その理由の一つは、従来から、台湾で多様な茶が日常生活の中で楽しまれていることにある。台湾では、伝統的な烏龍茶、包種茶などの中にも多様な種類のお茶がある他、日本貿易振興機構（2018）によると、最近は、台湾の消費者の間で健康ブームがあり、「分解茶」が流行しているそうである。「分解茶」は、沖縄県にあるゴーヤー・パークのゴーヤ茶を使用して作られたもので、台湾のコンビニなどで人気であるとされており、実際、芸能人を起用したTVコマーシャルもあった。このように、台湾の人々は、多様なお茶を日常的に楽しんでいることがわかる。

　台湾のこのような状況を考慮すると、日本の煎茶は、お湯を注いで抽出した茶液を飲むという点で台湾のお茶と共通しているにもかかわらず、

---

14　台湾観光局「八田與一紀念園區：日式建築與日式和菓子的完美結合」https://www.taiwan.net.tw/m1.aspx?sNo=0025000, 2018 年 11 月 19 日アクセス。

15　日本観光局「親身體驗日本文化：茶道、華道（日式插花）的體驗之旅」https://www.welcome2japan.tw/indepth/cultural/experience/sado.html, 2018 年 11 月 19 日アクセス。

台湾で広く飲まれているタピオカミルクティ、烏龍茶、包種茶、分解茶等とは異なる個性的な味わいを持っているので、日本の煎茶を飲むことそれ自体は、日ごろから様々なお茶を楽しんでいる台湾の人々にとって、楽しみとして前向きに受け入れられやすい事柄であるのではないかと考える。更に、先に述べたとおり、煎茶の文化は自由な雰囲気の特徴をもつと言われていることも、台湾の人々にとって親しみを持ちやすい要因になるのではなかろうか。

　台湾からの訪日旅行者向けの観光のコンテンツを開発する上では、「文化コード」を考慮することが重要であることをすでに述べた。その視点で考えた時、日常的にお茶に関わる機会が多いと思われる台湾の人々にとって、日本の煎茶の文化は、日本独特の個性的な文化でありつつも、台湾の人々が他の地域の人々よりも比較的容易に内容を想像できたり、すぐに親しみが持てたりする可能性が高い異文化であると言えるのではなかろうか。更に、日本で煎茶の文化の体験をして台湾に帰った後でも、例えば、湯瓶や茶器など煎茶に使うことができる茶道具を売る店が身近にあったりするので、他の地域の人々よりも、日常生活の中で日本での体験の記憶を再現できる機会に恵まれているのではないかと考えられる。こう考えると、台湾からの訪日旅行者をターゲットとするコト消費に日本の煎茶の文化を活用することは、「文化コード」の解読が台湾の人々にとって比較的容易であると考えられること等の点で、望ましい発想であると言えるのではないかと考えている。或いは、日本の煎茶道を体験して魅力を感じると、もしかすると日本の煎茶や茶道具を購入して台湾に持ち帰ろうとすることにも繋がるかもしれない。これはコト消費をきっかけとしたモノ消費の拡大と表現できそうである。

　本稿では、先に、ショッピング以外のコト消費に関心が向く傾向にある台湾の訪日リピーターに向けたコト消費の開発という事を主に念頭に置いて検討に進めてきたが、上記のような事柄を考えると、日本の煎茶の文化を活用するコト消費は、訪日リピーターはもちろんのこと、日本に初めて訪れることを考えている台湾からの観光客にも、それを目的にして日本

125

に来て体験したいと思ってもらえるような魅力的なコト消費になるのではないかと考える。また、台湾の人々が日本のお茶の文化に触れることによって、故郷である台湾の茶芸に対しても関心が深まるきっかけになるかもしれない。

さて、上で検討したインバウンドも視野に入れたコト消費としての煎茶の文化体験プログラムは、既に日本の実際の観光の現場に導入され実施され始めている。例えば、日本遺産に指定された島根県津和野町の分銅屋で行われている煎茶の体験プログラムは、もともと、津和野の商家の旦那衆の間で煎茶が流行した時期に数多く収集されて残されていた本格的な骨董品の煎茶の道具を使い、伝統的な日本庭園を望む登録文化財の町家の座敷で、主人の補助を借りながら、自分自身で煎茶を煎れて味わう有料のプログラムである。このプログラムは、日本人のみならず、外国人にとっても魅力的に映るらしく、NHK Worldの取材を受け、世界に向けて報道された。このことから、日本の煎茶の文化は、訪日外国人旅行者向けのコト消費のコンテンツとしての魅力を備えていると言えるのではなかろうか。

最後に、筆者自身が受講した煎茶のカルチャースクールでの体験を踏まえて、日本の煎茶の文化を活用した訪日外国人旅行者向けのコト消費の発展可能性について、若干の検討を行う。

まず、煎茶の「文化コード」についての検討である。先ほどふれたとおり、煎茶の文化は、「一定の形式はあるものの、むしろ文人たちの育てた自由をたいせつにしている」[16]という。ただし、「一定の形式」の中には、扇子、懐紙、茶巾、茶瓶、湯瓶、建水など、特殊な呼び方の道具やその使い方が、背景となる歴史や考え方の情報とともに含まれている。筆者自身が直面した問題の中で特に深刻であった困難の一つは、畳の上での長時間の正座であった。日本では、子供の頃から正座をする機会があり、脚がしびれた時の対応の仕方についても、ある程度の経験の蓄積がある人が多いと思われる。しかし、そうした日常の経験が全くない外国人が、突然、お座敷で居住まいを正してお茶を煎れようとしても、靴を脱いで畳に座っ

---

16　再掲。主婦の友社（1988）より。

たり、座る場所に上座や下座があったり、慣れない雰囲気で、窮屈な姿勢で、体が思うように動いてくれないような不自由で窮屈な思いをする人もいるのではないかと思われる。実際、分銅屋の煎茶体験では、着物を着た外国人の女性が足を崩しやすいように、風呂敷を配って膝を覆うことができるようにしてあげたところ、好評であったそうである。

　株式会社矢野経済研究所（2016）には、インバウンドのコト消費の機会を提供している事業者の現場の声が収録されており、そこでは、日本人と同じ経験をして感動を得ることを望む訪日外国人旅行者の需要が存在することやそれへの対応が述べられている。しかし、現実の文化体験では、例えば上述の正座のように、訪日外国人旅行者が思ってもみなかったような「文化コード」の壁が存在する可能性もある。せっかくコト消費のプログラムに参加してくださるのだから、楽しい思い出を作って、満足して帰っていただけるように工夫する必要があるかもしれない。

　以上の検討から、お金も時間も限られている訪日外国人旅行者が、短い日本の滞在期間中に、いきなり深遠な日本の文化を深いところまで理解して身に着けることや、高価な道具を本格的に買いそろえることは、なかなか難しいことであると考えられる。ただし、筆者の経験では、例えば、外国人に短期間でいろいろなことを上手にできるように求めるのではなく、そもそも多くの参加者はそこでの体験を上手にできないかもしれないことを前提にプログラムを設計するとか、体験プログラムの勧誘の際に基本的な注意事項や活動内容の詳細を外国語で説明したマニュアルや動画を併せて配信して、これから参加しようとするコト消費の体験プログラムについて、事前にある程度はっきりした雰囲気をつかんできてもらうなどといった工夫を施すことができるのではないかと考える。こうすることで、コト消費に関わる「文化コード」への理解が深まり、コト消費の体験で想定外の違和感を持つというようなリスクが緩和され、体験を通しての満足が高まると考えられる。

　なお、煎茶の世界では、煎茶のファンを増やそうとする取り組みが長く行われている。煎茶道の普及啓発活動の先進事例としては、例えば、小

川流の煎茶の家元が教室を開いて後進を育成したり、数々の書籍を出版して広く一般の人々に煎茶の魅力を伝えたりして煎茶道を盛り立ててきたことや、小笠原流の煎茶道のウェブサイトで作法の解説や動画が公開されていることなどを挙げることができる。

## 結論と今後の課題

　本稿では、訪日外国人旅行者の消費がモノ消費からコト消費へと拡大する傾向がある中で、新しい日本のコト消費のコンテンツとして日本の煎茶の文化に着目し検討した。訪日外国人旅行者数の上位を占める中国、韓国、台湾、香港の4つの地域の中で、台湾は規模に比して最も多くの茶葉を消費する経済社会活動を行っていることから、台湾の人々は、日本の煎茶の文化のコト消費のコンテンツに対して、他の地域の人々よりも容易に親しみを持って参加できるのではないかと考え、本稿では台湾の人々を対象とすることを念頭に、日本の煎茶の文化を活用したコト消費について検討した。まず、台湾と日本は歴史的にかかわりが深く、お茶の文化についても台湾の茶芸と日本のお茶の文化の間で関わり合いがあることを振り返った。次に、筆者の経験や煎茶に関わる人から聞き取った内容などを踏まえつつ、コト消費として活用する上での日本の煎茶の文化の利点や課題について検討した。

　その結果、日本の煎茶の文化を活用したコト消費のコンテンツは、既に実施されていて、メディアを通して海外に紹介された事例もあり、魅力のある内容であると期待できること、台湾の人々は日常的に様々なお茶に接して楽しんでいて日本の煎茶の文化に対する関心は高まりやすいと考えられること、それゆえに、日本の煎茶の文化を使ったコト消費のプログラムは、台湾からの訪日旅行者にとっても魅力的なものになり得るのではないかと考えられることがわかった。ただし、他方で、「文化コード」の面では配慮が必要である。訪日外国人旅行者の中には、体験する前に持っていた想像を超えたことがプログラムに参加してから起こって違和感を覚えてしまう可能性も否定できないであろう。そのため、事前の情報提供を充

実させたり、そもそも、参加者がうまくできないかもしれないことを前提にしたプログラムを設計したりするなどの配慮が必要であることがわかった。

今後の課題は以下のとおりである。本研究では、台湾からの訪日旅行者を対象とするコト消費のコンテンツとして、煎茶の体験プログラムの発展可能性について検討した。先述のとおり、台湾からのリピーターの中で30~40代の女性が大きな割合を占めているなど、訪日外国人旅行者の特徴は出身地域ごとにみても多様であるため、今後は、地域ごとだけでなく、他の様々な指標も考慮して消費動向や嗜好を調査し分析すると、より具体的で有効なコト消費の体験プログラムの開発や、コト消費から逆にモノ消費や越境ECの刺激に繋げる方法等を見出すことができるかもしれない。また、外国人は、台湾の他に、中国、香港、韓国のほか、アジア、オセアニア、欧米など世界中から日本を訪れる。例えば、互いに異なる文化的背景を持つ人々の多様なニーズにこたえるコト消費のコンテンツを提供するための適切な体制とは、観光関連の大企業によるフルライン戦略に依存するものなのか、それとも地域の中小企業が分業する連携戦略なのか、あるいは、両方を組み合わせた多様な主体の連携によるハイブリッド型の戦略があり得るのか、といった問題を検討することが、今後取り組まれることが期待される研究課題の一つである。ただし、コト消費のプログラムであっても、「限界効用逓減の法則」が成り立つ可能性があり、リピーターの関心と需要を持続的に惹きつけるための工夫については、初めてプログラムを体験する参加者を集客する戦略とは別に、考えておく必要があるであろう。

第6章　日本のインバウンド観光におけるコト消費

## 参考資料

- 井上辰雄（2009）『茶道をめぐる歴史散歩』株式会社遊子館。
- 小川後楽監修（2010）『しっかりわかる、煎茶入門』淡交社。
- 柯一薫（2010）「東アジア茶文化比較研究：日本と台湾の交流と影響」『国際日本研究』(2)　pp.183-212。
- 株式会社矢野経済研究所（2016）「平成27年度 我が国経済社会の情報化・サービス化に係る基盤整備事業（訪日外国人の消費促進のための観光関連 サービス産業等の在り方に関する調査研究）」。
- 河原林直人（2003）『近代アジアと台湾：台湾茶業の歴史的展開』世界思想社。
- 観光庁（2018a）「平成29年訪日外国人消費動向調査【トピックス分析】訪日外国人旅行者の訪日回数と消費動向の関係について ~韓・台・香・中の訪日回数の多いリピーターは1人当たり旅行支出が高い~」。
- 観光庁（2018b）「訪日外国人の消費動向：訪日外国人消費動向調査結果及び分析：2018年1-3月期（速報）報告書」http://www.mlit.go.jp/common/001250077.pdf, 2018年11月23日アクセス。
- 国土交通省（2018a）『観光白書平成30年版』http://www.mlit.go.jp/statistics/file000008.html,2018年11月23日アクセス。
- 国土交通省（2018b）『国土交通白書2018』http://www.mlit.go.jp/hakusyo/mlit/h29/hakusho/h30/index.html, 2018年11月23日アクセス。
- 社団法人農山漁村文化協会（2008）『茶大百科Ⅰ歴史・文化/品質・機能性/品種/製茶』社団法人農山漁村文化協会。
- 首相官邸（2017）「観光戦略実行推進タスクフォース（第16回）資料2:観光庁資料」https://www.kantei.go.jp/jp/singi/kanko_vision/kankotf_dai16/gijisidai.html, 2018年11月23日アクセス。
- 主婦の友社（1988）『茶の湯案内シリーズ⑬　煎茶の用語集』株式会社主婦の友社。
- ジョセフ・E・スティグリッツ、カール・E・ウォルシュ（2012）『スティグリッツ入門経済学(第4版)』東洋経済新報社。
- 寺本益英（2006）「文化としてのお茶、輸出品としてのお茶」W. H. ユーカース著

130

結論と今後の課題

『日本茶文化大全』知泉書館。

・日本貿易振興機構（2018）「日本食品消費動向調査：台湾」https://www.jetro.go.jp/
ext_images/_Reports/02/2018/6af0b9fcac9be98a/foodmarket_tw-rev2.pdf,
2018年11月23日アクセス。

・林滿紅（1997）『臺灣研究叢刊：茶、糖、樟腦業與臺灣之社會經濟變遷
（1860~1895）』聯經出版事業公司。

・平田公一（2007）「茶樹の起源と栽培」『中国茶事典』勉誠出版。

・山川拓也（2016）「添乗員付き海外団体パッケージツアーの構造分析 —「インクル
ージョン・モデル」を援用して—」『広島文教女子大学紀要』51, pp.59-69。

・慶田収、金栄緑、大山佳三（2015）『トリアーデ経済学2：ミクロ経済学入門』株式
会社日本評論社。

<ウェブサイト>

・小川流煎茶（2018）「ホームページ」http://www.ogawaryu.com/, 2018年11月23
日アクセス。

・外務省（2018）「ビザ・日本滞在」https://www.mofa.go.jp/mofaj/toko/visa/index.
html, 2018年11月23日アクセス。

・公益財団法人小笠原流煎茶道（2014）「ホームページ」http://www.ogasawararyuu.
or.jp/,2018年11月23日アクセス。

・台湾観光局（2018）「八田與一紀念園區：日式建築與日式和菓子的完美結合」
https://www.taiwan.net.tw/m1.aspx?sNo=0025000, 2018年11月19日アクセス。

・日本観光局（2018）「親身體驗日本文化：茶道、華道（日式插花）的體驗之旅」
https://www.welcome2japan.tw/indepth/cultural/experience/sado.html, 2018 年
11月19日アクセス。

・FAOSTAT（2018）「Production: Crops」http://www.fao.org/faostat/en/#data,
2018年11月23日アクセス。

・NHK World（2018）「TSUWANO: THE PAINTED PAST, VIVIDLY PRESENT」
https://www3.nhk.or.jp/nhkworld/en/tv/journeys/journey_20180717.html,
2018年11月23日アクセス。

・United Nations（2018）「Population Division: World Population Prospects 2017」

131

https://population.un.org/wpp/Download/Standard/Population/, 2018 年 11 月 23日アクセス。

・UNWTO（2018）「UNWTO World Tourism Barometer and Statistical Annex, October 2018:Abstract」https://www.e-unwto.org/doi/abs/10.18111/wtobarometereng.2018.16.4.1, 2018年11月23日アクセス。

# 7章

# 風に乗る一人旅：
# 日本の自然美の読み方

凱 和

## はじめに

　知らないうちに、私は一人の留学生として日本に15年間も留まった。専攻は東洋史学であり、この日本で博士号を目指す私は、自分の専門研究の他は日本の自然美と日本の歴史文化学が大好きである。幼い頃から家に詰重なる日本語版の蔵書や地図集を山ほど読み、文字より画像を先に覚えて、それに伴い次第に耳で慣れた歴史物語を通じて、日本の地理や文化などを成長とともに身に着けた。現在文明の発達した大都会よりも日本の自然に文化の魂が届く。文化遺産が豊かな歴史街道や田舎の山水にいると、私の心と体が静けさに癒され、欲望と悩みがなくなり、やりたいことを入念しやすくなる。この性格では東京や上海のような街に住まれない。もはや都会より田舎の方がずっと好きである。そのため、古都京都で学問を積み、旅はほとんど山と海へ行き、そこに隠れた寺院や伝統文化の印が自然美に輝きを付けるのが、私が憧れる日本の魅力である。

　生活するうえで必要な分のみ大学関連のバイトで稼ぎ、留学生活の費用を捻出する。運動神経が発達している私は、いつも最安の予算で旅に出る。そのため、大学での学習と研究以外の時間は、ほとんどマウンテンバイクやオートバイ、又は青春18切符を利用して自然の中に旅へ出る。これまで九州全域、本州全域、北海道の西南部と東部に及んで、沢山の地域に足跡を残してきた。それぞれの地元の人々と接触し、色んな見物が出来た。その中に十数年にも渡って文通している方もいらっしゃる。旅の途中

第7章　風に乗る一人旅　日本の自然美の読み方

での一期一会は私の留学生活にとって重要な存在であり、このような旅に自分を探し続け、世間を知る知恵が得られた。

　ここで、近年実行した旅の中から代表的な3つの旅を紹介し、留学生の目を通して感じられた日本の風土と人情について語りたい。いずれも京都を出発したものであるが、1つ目は京都→野尻湖（マウンテンバイク、テント2泊3日、2011夏）、2つ目は京都→京丹後宇川（バイク、宇川で3泊、2012夏）、3つ目は京都→仙台（バイク、寝袋3泊4日、2014秋）である。

## 7.1. 野尻湖への旅

　2011年夏、野尻湖で開催されるある研究会に参加するため、費用を最低限に抑えるためにマウンテンバイクで行くことを決意した。出来るだけきつい山道と坂道を避けるために、甲賀、四日市、桑名、名古屋、恵那、木曾谷、松本、長野、黒姫の順路に決めた。名古屋までの道には民家と商店が並び、唯一の自然を感じたエリアは甲賀と亀山の間の山道だった。午後二時に鈴鹿峠を通過し、やっと真夏に涼しい風を浴びられ、蝉の歌う木陰で昼寝をとった。

　猛暑の日焼け止め対策として、全身にスポーツ専用長袖と長ズボンを着用し、顔、首、手にもそれぞれ被せた。しかし右腕の袖と手袋の間に隙があったために、きれいに腕輪のような日焼けが付けられた。顔を触ると新陳代謝した塩がサラサラと拭き落ち、服にもより早く塩のあとが付けられた。真夏の遠距離のマウンテンバイク騎乗はまさにしんどい。山道が多く、すべてがスムーズな塗装路面ではなかったからである。特に夏場は水分補給をこまめに行なわないと危険である。1日目の終わりまで、飲用水の消費量は凡そ5Lだった。

　桑名の鉄橋を渡って名古屋市内に向かう時、もうすでに真っ暗だった。深夜1時ごろ、北区にあるコンビニで道を伺うと40代後半のおばさんが親切に対応してくれ、10分間ほど詳細な説明をしてくれた。店から出た瞬間に、ヘルメットに付けるヘッドライトが点いていると気が付いた。先ほどまでライトをずっと彼女の顔に照らしたままであり、本当に申

し訳ないと思った。今でもあの顔をしっかり覚えている。本当にありが
とう!2時ごろはかなり疲れ、春日井の近くの路肩から離れた空き地にテ
ントを設置して寝た。しかし、国道19号線ではまさに24時間車が走り続
け、その騒音がうるさくて完全には眠れなかった。

　翌朝6時ぐらいに出発し、春日井市役所の若い男性職員が親切に地方の
大きい観光地図をただで渡してくれた、今でもあの純粋な笑顔はなかなか
忘れない。土岐市内の弥栄橋交差点にある自動車屋さんで、怖そうに見え
る3人のオヤジが正しい道を案内してくれて、分かりやすい地図も書いて
くれた。これらの人びとの熱い心のお陰で漸く恵那への道にたどり着いた。

　恵那に入ると、さすがに自然に近づいている気がした。ある下り道で
滑走中、道端の広い芝生広場から数人の子供たちが私の方に向かって走り
ながら手を振り続け、「こんにちはー!こんにちはー!」と大きい声で挨拶
してくれた。その一瞬、これまでの苦労のご褒美だと思った。

　しかし、木曾への坂道がだんだんきつくなってきた昼12時に、ある大
手コンビニの中津川落合店で昼休憩をとった。午後1時の日差しが強く、
店舗の周辺は一つも建物がなく、強烈な日差しを浴びせられ、逃げる場所
もない。この先、森が籠っている木曾谷に入った。

　私にとって、この旅の中で自然が最も綺麗な地域は木曾谷であると思
う。幼い頃も耳に慣れた木曾次郎義仲の話が平安時代後期の武将の中で一
番気になる人物である、そのため、今回はわざとこの道を選んだ。妻籠宿
から登坂がつづく、義仲が幼年期に過ごしたとされる木曾の自然環境をゆ
っくり走ってみた。木曾路とは歴史上の中山道の一部であり、長野県の中
心部に当たり、塩尻から現在の岐阜県中津川市までの街道を指す。特に洗
馬を始め、木曽郡の南木曾までの谷が深くて狭く、自然生態系がとても良
く保護されている。

　谷の一番下に激しく流れるのは木曽川であり、流れの音で川の深さが
分かり、常に川面が変化してゆく。川の右手上に県道と電車の線路が走っ
ている。民家は川端の上段の少し広いところに展開している。この地域の
木の樹幹は高く、広い樹冠が傘のように盛夏の酷い日差しを隔て、平野よ

り大分涼しくなった。もしくは時々冷たい風が吹いてくるため、もはや天然冷房のような存在である。

　静かな谷の静かな村を通り過ぎ、ゆっくり深く木曾谷の空気を吸って、疲れが癒えた。大桑の近くには十数メートルの高さの滝が見つかった、泉水が上の岩場からどんどん溢し続けてゆく。私は滝のそばの岩にしばらく座り、釈迦様のように法界定印を結び、目を閉じた。ただ耳と呼吸で回りを感じ、清涼な飛び水が顔や顔に当たり、この体の疲れは徐々に癒えた。木曾谷は森に隠され、様々な野生鳥類が相次ぎに歌を歌っている奏鳴曲はこの旅で最高の褒美であろう。

　木曾谷には中山道19号線とJR中央本線が通っている。夜に通行車両が少なくなると推測したが、大間違いだった。2日目の夜の12時半にようやく大桑野尻にあるコンビニに到着し、塩で固くなった服を洗ってテントの上に干し掛けた。疲れ過ぎたので、店の外のベンチに座った瞬間に、自分が融けてベンチの隙間に漏れ垂らしたような幻覚があった。そのまま少し休んでから、手に持っている余熱が貯まるハンバーグ弁当を一口一口ゆっくり食べた。普段感じることがない、人間が飯を食べる際に使われるすべての筋肉の動きもしっかり感じられた。

　店舗の周辺は何の施設もなく、車の通行台数も減ったので、この晩は良く眠れた。荷物を軽量化するために、折り畳み式夏用テント一枚のみ持ってきたが、店の南側にある駐車場の隣の空き地にテントを開いた。夜に温度が下がり、学会に出る際に着る洋服はこの場では使ってはいけないので、中津川市役所からもらった大きい地図を布団にしたが意外と暖かく、安心して眠れた。一晩かけて駐車場を利用する車が絶えなかったせいで、だいたい1時間に1回は目が覚めた。それにしても良い睡眠であった。翌日は調子が良く、移動のスビートが予想外となって、一気に黒姫の会場に殺到した。

　学会で知り合った方からの話によると、木曾の集落では少子化と老齢化がともに進んでいる。また、外で出稼ぎする若者が多いので、木曾谷地域の生徒は年々減り続け、いくつかの学校が廃校となり、合併された状況

が普通に存在している。2011年時点で実際に木曾谷を通過したが、見た風景では地元の観光開発は発達してないような気がした。

各名山と名水に囲われたこの地域の観光開発は歴史物語のテレビ化・映画化にすることとともに地方自治体の観光開発プログラムを協力するほか、外国の観光客を誘うための工夫もやってもらいたい。例えば、欧米人向けのキャンプ場の設置、地方の歴史民俗資料館の多言語対応化、日本の国外向け観光案内として木曾の自然美や人文歴史を紹介するホームページが必要であろう。特に、宣伝用ビデオ作品のネット公開は効果が大きいと思われる。木曾観光の特徴を生かすため、集団的な中型バス観光と個人向けの徒歩・マウンテンバイク観光などを組み合わせて開発すべきである。民宿は現在の観光業で流行っている宿泊施設の一形態であり、短期あるいは長期間の国際理解研修プログラム、大学や企業の合宿、さらに政府が開催する国内外の会議・シンポジウムなどにも利用できるのではないかと検討してもらいたい。木曾と周辺観光地域の協力もぜひ検討してほしいと考える。

## 7.2. 京丹後宇川の旅

2つ目に紹介したいのは、2012年8月にバイクで京都を出発し、京丹後宇川へ向かった旅である。京都府の北の海岸へ行くことになったきっかけは、京大のスペイン人の親友と同校の恩師の誘いであった。2人は先に電車とバスで到着したが、私は翌日の朝に出発し、亀岡、綾部、宮津、京丹後、宇川の順で走った。祝日のため、国道と県道は車やバイク・ツーリングの群れがいっぱいであり、渋滞が多かった。午後1時半に約束した宿泊地に到着し、友人と先生が玄関の外で迎えてくれた。

お昼を済ませてから、小雨の中、友人と一緒に経ヶ岬灯台までゆっくり歩いてみた。途中で車線を横断する猿も見られ、海岸沿いの水田は綺麗な形状となっていたので、まるで抹茶ティラミスのように見えた。田圃の中で白鳥が捕食している姿もよくあり、空では鷹と隼がそれぞれの領空を守って海岸と近海林の間の上空を飛び回り続けた。沿岸部の山や岩の形が

第7章　風に乗る一人旅　日本の自然美の読み方

野獣や人間の形に見えた。海水浴場の海で拾った宝石のような石は実はガラス瓶の残片が海水や砂で長年洗濯されたものであり、全て天然石のように丸くなっていた。緑色、茶色、青色など数え切れない。我々は雨の中で体全身が濡れても平気で、宇川海岸の瑞々しい自然にゆっくり会話しながら漫歩した。

　友人と宇川を拠点として、3日間かけて周辺の山と海をゆっくり歩き回った。2日目の山の旅からの帰り道、奥山の民家屋敷の前を通過する際に、3人の小学生ぐらいの子供たちから声をかけられ、「こんにちは、どこから来たんですか?」とちょっと会話した。3人はいとこ兄弟で、夏休みのみ先祖の屋敷に集まるという、とても天真爛漫な少年たちだった。彼らは別れの時も礼儀正しくお礼をしてくれた。

　帰りの日には、私がまた1人で先にバイクで出発した。往路と違い、伊根町と天橋立に立ち寄った。伊根の酒造で店頭の長谷川さんと酒蔵及びバイクの雑談する最中、地元の若手議員一行がやってきた。京大の留学生と聞いたら、私に「頑張ってください!」と激励してくれた。帰りには名酒「伊根満開」を買って、翌日に京都の近所の知人のお祖父さんにあげた。彼は酒宴を開き、私と徹夜して談笑し、大変喜んでくれた。もちろん2人の話は全て日本の歴史と文化に関わっており、これはまた別の話になる。

　宮津に着いた時はもう既に午後5時になっていたが、管理員の話によると、午後5時以後は天橋立の上に原付バイクでの通行が可能である。まことに運が良く、思わずして、私の原付に見えない2サイクルのYB-1カスタムがゆっくりと赤松の海に入った。向かい側についたら、ケーブルカーの府中駅前広場に駐車し、走って弁天山展望台を登って、念願の天橋立の全景を望んだ。展望台では、小さい売店を経営しているお祖父さんに話しかけられ、コーラを1缶ただで頂いた。何時が恩返ししようとずっと思っていたが、2017年8月に再び訪ねた時には山頂が大きく改造され、傘松小倉屋という店がなくなっていた。しかし、もう一度あのお祖父さんを探して、お礼をしたい気持ちが胸に残っている。

　その後、夜の8時ぐらいに帰り道で疲れすぎ、道端の上の歩道で駐車し

て、30分間ほど睡眠を取った。その間に何台かの車が私に近寄り、車を止めたり、減速したり、車の窓を開けたりして私の様子を確認しに来た。やはり私のことを心配してくれたはずだと思う。しかし、当時はあまりにも全身の疲れがたまっていたので、仕方なくその場で休んだ。バイクの旅で、コンビニなど店舗の前に駐車すると、必ずおじいさんに声をかけられる。「えっ！京都からきたの？えらいすね。」「えっ、原付?!なんかトラブルにならなかったかな？」「気をつけてね。」「ゆっくり走ってね。」など、道やバイクの話が多い。自分が留学生と言い出すと、さらに話題が盛り上がる。そのような話し相手はほとんど50代前後の方であった。

　2017年に伊根町を再訪した際に、伊根町展望台で湾内の風景を満喫した。下山の時に海岸で偶然に「海宮」という鮮魚調理屋を発見したが、ここの魚料理は今まで食べたことのない旨さがあった。以前、羅臼の「いさみ寿し」が日本一と思っていたのに、「海宮」で調理された日本海の魚もかなり美味しかった。また何時か大事な親友を連れて伊根の舟屋と「海宮」の魚料理を楽しみにして行きたい。

　宇川と伊根町というこの二つの集落には若者が少なく、衰退している町としか見えない。宇川温泉は地元の名所として多くの人が訪ねてくるが、このような自然環境の豊かさは都会の人々が憧れるだろう。現在都市の生活に慣れている人々の休憩時間は都会の周辺に限られているだろう。例えば、東京の人が自然に行くならば、鬼怒川温泉や軽井沢など日帰り出来る地方へ引っ越しすることが多いだろう。私のような自然好きで、時間ある限りいつでも荒野へ行く人間はそれほど多くないだろう。そのため、衰退した地方を振興するために、必ず都会の人々の心を奪う新味のある自然観光プログラムを作ってほしい。

　宇川の医療施設は近年の人口減少とともに数ヵ所が閉所され、入院患者も地元に受け入れる場所がなく、京丹後庁舎までいかなければならない。伊根町に関しては、つぶせるという地方の方針も出したらしいが、あんな良いところは勿体無い。本音の話であるが、私は将来これらの町の復興と観光開発に心力と体力を注ぎたい。

## 7.3. 仙台への旅

3つ目の旅は、2014年の9月25日から29日まで4日間もかかった、京都を出発して日本海沿いを通ったバイクの旅である。正直に言えば、引っ越しの旅であった。京都大学から東北大学へ移動するため、荷物を業者に頼んで指定日に下宿に届くように依頼してから、自分が最軽量な荷物を積んでバイクで赴任地の仙台へ移動する方法を決めた。これもまた経費を抑えるためであった。新幹線で仙台まで行く片道料金は、当時の私の約3か月間の食糧費に当たったのである。そのため、つらそうな夜行バスをやめて、きちんと計画したバイクでの移動を決行した。この旅は全長857キロ、給油量は僅か17.29リットル（2785円）、途中は寝袋で泊まるので宿泊費用が発生しなく、食糧費は4日間で5620円であり、合計8405円であった。今考えたら食糧費はもっと節約できたはずだ。

日本海沿いを通るルートは最短とされ、路上3泊を想定し、5日間の準備をかけて、ようやく25日の夜7時に京都を出発した。鴨川の東岸に沿って北上し、大原を乗り越え、琵琶湖西岸の267号線で小浜方面に向かった。途中は高島、朽木を通過した。山風が寒く、大原峠を越えたところで小雨も降り始め、レインコートを着た。9時頃LAWSONで用意した手作りの小麦粉パン1個、牛肉煮込み、リンゴなどを食べた。深夜11:55に福井県越前市内海岸沿いのあるコンビニのそばの海岸公園の広場で駐車し、バイクのそばに寝袋を開けて寝た。この晩は約112キロを走った。2時まで近くで人の声が聞こえ、「マジ！　こんな場所に寝るの?」のような会話が何回も聞こえた。

9月下旬なのに、寒い海岸の夜にはまだ蚊がたくさんいた。蚊に耐えられず、朝5時半に起きて、LAWSONで洗顔し、2リットルの水を1本買った。朝ごはんは牛乳、ヨーグルト、手作りパン、ドラゴンフルーツ、干し葡萄を食べて、朝7時に出発した。瓜生（うり）を通過中、車線周辺の収穫直前の金秋田圃がとてもきれいだった。路肩に駐車して、写真を撮ろうとしたが、急にバランスを崩して、自分と荷物を積み込んだバイクが畑の中に転落した。幸いに落ちたところの土が柔らかかったため、私とバイクは

両方無事だった。転倒は疲れのせいだと思う。携帯で景色を撮ろうとした時、携帯がなくなったのに気付いたが、いつなくしたのがピンと来ない。無念のまま出発する前に、偶然に畑の乾燥した雑草の中に見つけた。先ほど転げ落ちた時に投げ出されたのだろう。幸いだった。

　12時にLAWSON松任福留店で昼ご飯を済ませたあと、3時間半をかけて兼六園と金沢城をめぐった。兼六園の観光客が多すぎる。裏の小森の中で花のスケッチをして、金沢城へ向かった。三の丸に静かな広場があり、そこで積雪連山を望みながら休憩をとった。午後3時、石川県から離れて新潟方面へ向かった。深夜11:12までこの日は364キロぐらいを走ったと計算した。12:49には山道に転落した軽トラックを見つけたが、運転席には人がいなかった。もう少し走ってから静かな林間広場で寝た。この夜は蚊もなく、大変良く眠れたので、翌日の午前11:18まで合計464キロを走った。実際、この日は昼間のみでも247キロを走った。「今日は順調であれば新潟県内に宿泊することができそう」と日記に書いている。

　113号線の道路状況は普通と言った方が正しいかもしれないが、夜の山に深い霧が覆われ、ドライブは非常に危険となり、強烈な横風と大型トラックからの危険性もさらに増やした。この夜の平均燃費は41キロ/1リットルで非常に良かった。晩御飯を済ませてから303キロぐらいを走った。越後大鳥から始まった113号線の夜間ドライブは一生忘れられない。強風に伴い、豪雨が激しく襲い掛かり、車体は雨で濡れている山道を船のように走った。道路状況をしっかり確認するため、顔の下半を雨に晒し続けた。南陽街道に着いた時の停車休憩中、顔の下半を触ると凝ってしまうぐらい冷たかった。

　途中でSAVE ONEというコンビニの近くに泊まろうと考えたが、結局それをやめ、山形長井市大字今泉、白鷹、阿寒江を通過し、348号線に入り、深夜2時に山形市内にたどり着いた。市内になかなか露営する場所がなく、あるコンビニの裏の平地に寝袋を開けて寝た。朝5時57分に1人の警備員がやってきて、「すみません、ここでは寝ちゃいけませんよ。ちょっと移動してもらえませんか?」と声をかけられた。仕方なく片付けし

て朝食屋を探しに行った。結局、セブンでカップ麺を食べて山形市を出発
し、286号線を通って、仙台へ向かった。

　山形自動車道（286号線）に入る前に、名所の日本一芋煮会の会場を通
って、巨大鍋を見た。鍋は民家一軒ぐらいの大きさであった。その直後、
断崖の上に数本の木で支えられて建てる唐松観音堂を拝見し、馬見ケ崎川
と周りの景色を俯瞰した。この奇妙な観音堂の気分と周辺の静かな自然環
境は多少私の疲れた体を癒した。

　この山を下ると、蔵王ダムの看板が目に届いた。思い切って272号線
に入り、馬見ケ崎川の美しい秋色を満喫しながら細い山道を登り上がっ
た。左手の下は馬見ケ崎川の激流と秋景があり、右手の方は階段式の収穫
された米畑があり、山形の米作りの独自のやり方となっていた。収穫され
た稲藁は地面から50センチぐらいの高さで一本木の上に辻重ねして乾燥
させており、この風景はまさに羽前地方の農耕文明の印だろう。

　7時半ぐらいにダムの上を歩き、数十メートル下の水に巨大な魚が数匹
泳いでいるのを見た。あの大きさはもしかすると築地市場のマグロの体
形ぐらいになるだろう。自然に恵まれたこの人工湖の豊かな環境で育っ
た長寿の巨魚は山神のよう信じられている。その場で合掌してOm mani
badme humを読み上げた。ダムの北の方に地蔵さんがあった、そこでも
一拝して山に入り、岸を寄せて5キロぐらい歩いた。熊の恐れがあるの
で、やがて駐車場に戻った。しかし、あの原始林の自然美は記憶から消え
ない。後に、仙台の同僚の話によると、仙台の方々も良く蔵王山の方に遊
びに行くという。蔵王ダムは皆が知っているようである。

　昨夜良く眠れなかったため、蔵王ダムに着いた時、とても眠くなっ
た。午前9時ぐらいの日差しがとても気持良く、人もいなかったため、ダ
ム管理棟の前の広場で大の字になって昼寝をした。寝ている間に2人組の
男と遇った、彼らは白いタオルで頭を巻いて、青色あるいは緑色の作業服
を着て、足袋を履いて、専用の竹籠を背負っていた。最初、彼らはダムの
係員かと思った。初めに会った2人組の40代の男は格好が凛々しく、ベル
トに山人専用の柴刀を備えていた。少し話をしたら、彼らは山の幸を取

142

る人ではないかと思われた。

　その後、暖かい日差しを浴びながら仮寝を続けた。しばらく経ってから、遠くからバイク・エンジンの音が近づき、間もなくホンダのモンキー（ミニ50cc原付バイク）が走ってきた。50代のオヤジが横になっている私と顔を合わせた時に「死んだかと思った、びっくりしたよ！」と言った。私が自分の旅と目的を話したら2人の話題が広がった。はじめにバイクの話に盛り上がり、念願のモンキーに試乗させてくれた。同じキック式だから、4段ギア変速も使い易く、なかなかいい印象であった。さらに、ダムカードが貰えると教えてもらい、2人とも10時に着くダムの管理員を待った。ダムカードを貰ってから、挨拶して別れた。日本全国のダム管理室にあるそれぞれのダムカードは無料で配られる。その上にはダムの全景が綺麗に映され、裏側にはダムのデータや出自が詳細に載っている。仙台に在住する間、周りの山々へ行く際にもダムカードを何枚か貰った。いい思い出である。

　蔵王ダムから286号線に戻って、登坂車線を登った。この先の峠道は今まで一番つらい道であった。Uターンは二十数か所もあった。途中に紅葉の見どころが何か所もあって、停車してのんびりしていた。山形県と宮城県の堺は峠となり、山頂は木が一本もなく、全て高さが人ぐらいの笹と蒿である、遠くから見ると緑色でふわふわして、かわいい。峠に阿耶無耶関跡があり、これは義経が日本海沿いから奥州へ行く時最後に通過した伊那の関とも言え、関跡の側の登山口駐車場に7-8台の車が泊まっていた。

　そこから長細い登山道が蛇のように山頂まで伸びており、山登りが大好きな私は考えもなく、登り始めた。この登山道は蔵王山国定公園の領に入り、まっすぐ雁戸山の山頂まで延びている。そこから連山の名号峰や熊野岳、そして五色岳や刈田岳などの名峰が縦走して繋がっている。登り始めから山頂までの一時間半の間にだいたい十数人の登山者と出会ったが、皆はプロの服装と装備を着用していた。登山者たちの歳は二十代から五十代までと見られる。枯木と割れ石の山道に上る際に私が人と遇う時といつも道を避け、相手方を先に通過させた。これは「与人方便、自己方便」、所

第7章　風に乗る一人旅　日本の自然美の読み方

謂人に便宜を図っておけば最後には巡り巡って自分の便宜になる、情けは人の為ならずと言う。

　晩御飯の時に仙台市内に着く予定を想定していた私は、時間を制限するために休憩せずに一気に雁戸山を登った。しかし、この走りがまさかつらかった。山頂の蒿が高くて、私ぐらいの身長でも望み難くなった。強い風を浴びながら、山々や先ほど登り切った山道、そして山形市を一目瞭然とし、スーと気持ちが良かった。この先はまたまた連山がつながっていたが、余計な時間のない私は下山を図った。ゆっくり降りられると思ったのに、急に仙台の先生から電話がかかってきた。「今どこにいるの?」と聞かれ、山道で先生に報告し、走って丘を下って駐車場へ向かった。翌日無事に先生と面会し、仙台での大学生活が始まった。

## おわりに

　旅は好き。その上に旅先の言葉や歴史文化などを熟知すれば更なる楽しみな出会いが見つかるべし。旅の間に、地元の人々との接触も大事なことであり、挨拶だけではなく、お互いにどのような会話になるのかはいつも期待している。

　大都会の優しいらしい接客や冷たい人間関係より、日本各地の田舎の旅で出会った人々は美しい自然のようであり、彼らの目線と会話はその土地の地味があり、人情味のあるところである。これも私の一期一会の一人旅が好きになる訳と言っても良い。

　私の一人旅の中から、近年実行した代表的な3つを紹介してきた。都会では失われつつあるが、留学生の目を通して感じられた、日本の田舎における風土と人情について、多少なりともご理解いただければ幸いである。

**補足資料：**

留学生による日本の旅行関連の記事には以下のようなものがある。

47県47色 (n.d.)「ホームページ」https://47prefectures.wordpress.com/
シンガポールからの留学生による47都道府県の訪問記


馬健（2017）「充実した日本での留学生活」https://www.jstage.jst.go.jp/article/
bplus/11/1/11_68/_pdf
電子情報通信学会による在日留学生の体験記事


外国人観光客研究所（n.d.）「留学生は大きな力」https://inbound-lab.info/
archives/895
留学生による日本でのインバウンド観光関連のインターンシップ


瀬戸内四都市広域観光推進協議会（n.d.）「中国人留学生がおすすめする瀬戸内四都
市周遊コース」http://kankou-kurashiki.jp/project/setouchi/index_ja.html
歴史の旅、美術の旅、グルメの旅など、テーマ別に観光地を紹介


師耀軒他（2009）「留学生の日本国内における観光動向分析」『北海道大学農經論叢』
64,97-104頁
北海道大学の留学生を対象とした日本国内の観光のアンケート調査


湯麗敏（2015）「富山観光への期待」『富山国際大学現代社会学部紀要』7,105-113
頁
富山国際大学の留学生を対象とした富山旅行のアンケート調査


ZEKKEI Japan（n.d.）「ホームページ」https://jp.zekkeijapan.com/article/
index/161/
各国からの留学生による日本の地方の訪問記

# 8章

# 中国貴州省における
# 少数民族観光

刘 姝秋

## はじめに

　少数民族の村への観光は、分類上エコツーリズムの範囲に属する。国際自然保護連合（IUCN）によると、エコツーリズムとは「比較的乱されていない自然地域の中で、景観や野生の動植物を観察し、研究し、楽しんだり、またその地域に存在する過去、現在の文化的特色を対象とする特別の目的をもった旅を含む観光である」[1]とされる。このような観光形態は、自然を保護することや、観光客によってもたらされるマイナス影響を少なくすることを推進していく。そして、当地の住民にも有利な経済的利益をもたらす。自然景観だけではなく、地方の特色のある風情も持っている少数民族の村は観光資源の開発、観光資源の利用、観光による地方の振興というようなことが観光の課題になる。

## 8.1. 少数民族村での観光振興がもたらす経済発展

　少数民族村の観光振興は、経済の振興とも言える。外来の観光客の訪問で、当地の住民の生活のレベルの向上、新しい就職機会の提供、インフラストラクチャーの改善などは経済的な活動を増やす。そのため、観光振興は貧しい地域にとって経済の発展と貿易構造の改善をもたらす。しかし、中国の急速な経済発展でGDPはあがったが、格差を示すジニ係数

---

1　環境省　エコツーリズムに関する国内外の取り組みについて　2 頁

もまた高い。中国における2014年のジニ係数は0.469[2]である。これは、2003年以来、一番低い数値であるが、他の国と比べると相変わらず高い状態である。

中国における低所得者層は地方に集中しており、これには少数民族村も含められる。中国の政府もまた、都会から離れた地方の経済をいかにして発展させるかという問題に関心を持ってきた。そのため、中国の「十二五」計画で、「積極的に観光業を発展させる」戦略を明示した。工業化、通信化、都市化、市場化、国際化の整備は、観光業の発展に良い条件を提供している。都会と地方をつなげる観光をさらに開発する必要があり、これは国家の政策として貧富格差を縮めさせるのに有効な方法である。

貴州省は中国においてよく知られている貧困省である。2012年までに、貴州省は1149万人の貧困人口がおり、全国の貧困人口の9.4%[3]を占めていた。今は政府と国民の努力で、貧困人口を減らしつつある。地方の貧困状況を改善するため、観光業を発展させるのは重要な政策になり、これは「pro-poor tourism」（貧困削減の観光開発と観光活動）の範囲に属する。

貧困削減のための観光にはいくつかの成功例がある。たとえば、「赤渓」という村は、中国の福建省に位置する。もともとこの村は中国の「第一貧困村」であったが、周りの自然環境を利用し、エコツーリズムの聖地になった。この村の森林被覆率は90%に達する。豊富な自然資源があり、たくさんの観光客を引き寄せている。

現在の貴州省の貧困地域も、このような観光の成功例を参考しながら、観光価値がある貧困地域を開発している。貴州省の西江千戸苗寨もその中の一つである。少数民族の村を訪問する観光も、現在ブームとなっている。民族村の観光は、少数民族が集中している村を観光地とし、その文化や私生活、自然の風景やその伝統風俗を感じることで異文化を体験する

---

2　中国国家統計局「居民収入保持較快増長」http://www.stats.gov.cn/tjsj/sjjd/201503/
　　t20150311_692389.html　2015年11月27日閲覧
3　水木社区貴州讨论 http://m.newsmth.net/article/Guizhou/206208　2015年12月11日閲覧
4　同上

ことに特徴がある。しかし、現在の中国では都市化が進み、一部分の少数民族が「漢族化」しているのが現実であって、一部分の少数民族も貧困な現状に直面している。

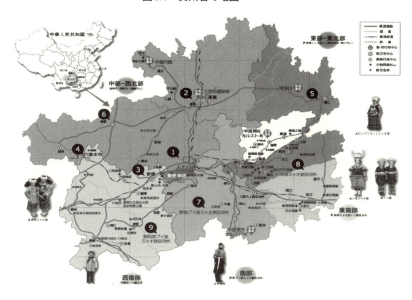

図8.1　貴州省の地図

出典　貴州省日本観光センター　http://www.kishu-kanko.com/

　解決策として、少数民族が集中する場所でその土地ならではの本格的な体験を広めていくことがあげられる。これが少数民族の異文化や風俗を理解できる一番の方法ではないだろうか。また、民族村観光の振興により、他の土地で働いていた出稼ぎ労働者が故郷に帰ってきて、自分の土地で観光産業をし、自分の家族を支えることにもつながってくる。したがって、民族村の人々は、本来の民族生活を提供することで、多くの観光客を魅力している。観光は少数民族の経済的な援助となるほか、文化の保存にも貢献している。

　民族村は今なお都市に住む人の目を引いている。たとえば、民族村は民族的な建物を維持しており、これらの建物には古い歴史がある。観光客

はこの伝統的な建物に何日間か住むことができる。そして、少数民族には特有の祝日が定められており、その日になれば、民族伝統のイベントなどを催して、本場ならではの体験が可能になる。

図8.2　貴州省の少数民族村

著者撮影

## 8.2.　貴州省における調査の概要

　筆者は2015年12月下旬ころ、貴州省の西江千戸苗寨に訪問し、アンケート調査を実施した。アンケートを受けた人数は123人であるが、質問によって答える人数が異なる。このアンケートは西江千戸苗寨の交通、民宿、ホテル、飲食、観光商品、苗寨に関する全体イメージなどを設問した。筆者は現地に行ってから、観光客と研究者として二重の身分で調査を行った。

　観光客として、この観光地についてさまざまな考えがある。現在は交

通の手段の発展と高速道路の完備のおかげで、西江千戸苗寨から、最寄り
の都会までの道路が使える。近くの都会から現地までのバスとタクシーが
あって、交通費は一人当たり 500 円~1000 円である。全体的に交通は便
利である。

　宿泊については、ホテルと民宿の二つのタイプがある。ホテルの数は
民宿より少ない。民宿に泊まると、現地の住民と交流できて、いろいろな
情報が得られた。ホテルに泊まると、西江千戸苗寨の夜景が見られる。ホ
テルは場所によって見える景色が違うため、階が高ければ高いほど値段も
高くなる。値段はホテルよりも民宿のほうが安いが、民宿に泊まると、西
江千戸苗寨全体の景色が見えない。両方とも利点があるが、観光客は自分
の需要に合わせて選ぶ。

　飲食で最も特色があるのは、「長卓宴」という宴会である。しかし、そ
れは限定された時期に開催され、お客さんを招待し、数枚のテーブルをつ
なげ、一緒に食事をする。その他にも、西江苗寨の特色的な飲食がある。
たとえば、すっぱいスープの魚鍋、山菜など、農家限定の食事が食べら
れる。観光商品は、貴州省の他の観光地に行ったことがある観光客にとっ
て、大体同じと思われる。銀飾りと刺繍以外、全部他の観光地と似ている
感じがする。銀飾りと刺繍も専門店と普通の店で販売されることがある。
専門店のものは確かに高級感と特色があるが、値段も高い。全体のイメー
ジはいいが、すばらしいとは言えない。これは筆者が観光客として体験し
た真実であり、調査アンケートの予備知識として、西江千戸苗寨の具体的
なイメージとして紹介した。

## 8.3.　調査データの SPSS 分析

　観光地は観光客に観光サービスを提供するところだけではなく、その
観光資源を活かし、他のこのような観光地を振興させることも大切であ
る。本稿では、人文観光資源の多い西江千戸苗寨のミャオ族の村を調査対
象観光地とし、以下の 2 点について調査する。

　（1）この観光地の特別な観光資源以外に、交通の便利さ、民宿、飲食、

第8章　中国貴州省における少数民族観光

　観光商品の基本情報を調査し、観光客の満足度がどうであるか測る。
（2）西江千戸苗寨の最も魅力的なところはどこであるか調べる。
　アンケートは対象者全員で123人の回答を得られた（回収率は100%）。
以下の図表は調査アンケートの結果を整理したものである。分析するた
め、年齢と出身地は複数の選択肢をまとめて、2つの選択にした。
　表8.1は性別の結果を示している。表8.1から見ると、今回この調査ア
ンケートを受けた人の男性は65人、女性は58人である。調査対象総数の
52.8%の比率と47.2%の比率を占めている。男性の人数は女性よりは少し
多い。

表8 1　性別

| | | 頻数 | 比率 | 有効比率 | 累積比率 |
|---|---|---|---|---|---|
| 有効数 | 男性 | 65 | 52.8 | 52.8 | 52.8 |
| | 女性 | 58 | 47.2 | 47.2 | 100 |
| | 総計 | 123 | 100 | 100 | |

　表8.2は年齢の結果を示している。この図表から見ると、今回の調査
アンケートを受けた人の中で、10歳~29歳の人は44人、30歳~49歳の
人は79人である。調査対象総数の35.8%の比率と64.2の比率を占めてい
る。30歳~49歳の人は10歳~29歳の人よりは多い。

表8.2年齢

| | | 頻数 | 比率 | 有効比率 | 累積比率 |
|---|---|---|---|---|---|
| 有効数 | 10歳〜 29歳 | 44 | 35.8 | 35.8 | 35.8 |
| | 30歳〜 49歳 | 79 | 64.2 | 64.2 | 100 |
| | 総計 | 123 | 100 | 100 | |

　表8.3は出身地の結果を示している。表から見ると、今回この調査アン
ケートを受けた人は、貴州省の人が36人、貴州省以外の人は87人であ
る。調査対象総数の29.3%の比率と70.7%の比率を占めている。貴州省
以外の観光客は貴州省の観光客より多い。おおむね省内観光客の2.5倍に
なっている。現在、貴州省以外の観光客はすでに貴州省の観光の主要な対

152

8.3. 調査データのSPSS分析

象である。

表8.3 出身地

|  |  | 頻数 | 比率 | 有効比率 | 累積比率 |
|---|---|---|---|---|---|
| 有効数 | 貴州省 | 36 | 29.3 | 29.3 | 29.3 |
|  | 貴州省以外 | 87 | 70.7 | 70.7 | 100 |
|  | 総計 | 123 | 100 | 100 |  |

　表84は旅行時間帯の結果を示している。表から見ると、今回この調査アンケートを受けた人はGWの人は25人、週末は18人、連休は59人、年休は10人、夏、春、冬休みは11人である。調査の対象総数の20.3%、14.6%、48%、8.1%、8.9%の比率を占めている。結果から見ると、連休の間に旅行する人は最も多い。次はGWと週末である。

表8.4　旅行時間帯

|  |  | 頻数 | 比率 | 有効比率 | 累積比率 |
|---|---|---|---|---|---|
| 有効数 | GW | 25 | 20.3 | 20.3 | 20.3 |
|  | 週末 | 18 | 14.6 | 14.6 | 35 |
|  | 連休 | 59 | 48 | 48 | 82.9 |
|  | 年休 | 10 | 8.1 | 8.1 | 91.1 |
|  | 夏、春、冬休み | 11 | 8.9 | 8.9 | 100 |
|  | 総計 | 123 | 100 | 100 |  |

　表8.5は職業の結果を示している。図表から見ると、今回この調査アンケートを受けた人のうち、企業会社の人は68人、国家機関の人は34人、教員は13人、学生は8人である。調査の対象総数のそれぞれ55.3%、27.6%、10.6%、6.5%の比率を占めている。調査結果から見ると、企業会社の人が最も多い。

　表8.6は学歴の結果を示している。表から見ると、今回この調査アンケートを受けた人は、高校およびそれ以下の人は4人、専門学校、短大の人は52人、大学およびそれ以上の人は67人である。調査対象の3.3%、42.3%、54.5%の比率を占めている。大学および以上の人は高校および以

153

下と専門学校と短大の人より多い。

表8.5　職業

| | | 頻数 | 比率 | 有効比率 | 累積比率 |
|---|---|---|---|---|---|
| 有効数 | 企業会社 | 68 | 55.3 | 55.3 | 55.3 |
| | 国家機関 | 34 | 27.6 | 27.6 | 82.9 |
| | 教員 | 13 | 10.6 | 10.6 | 93.5 |
| | 学生 | 8 | 6.5 | 6.5 | 100 |
| | 総計 | 123 | 100 | 100 | |

表8.6　学歴

| | | 頻数 | 比率 | 有効比率 | 累積比率 |
|---|---|---|---|---|---|
| 有効数 | 高校およびそれ以下 | 4 | 3.3 | 3.3 | 3.3 |
| | 専門学校、短大 | 52 | 42.3 | 42.3 | 45.5 |
| | 大学およびそれ以上 | 67 | 54.5 | 54.5 | 100 |
| | 総計 | 123 | 100 | 100 | |

　表8.7は月給の結果を示している。表から見ると、今回この調査アンケートを受けた人で、3000円未満の人は17人、3000~5000元は60人、5000~8000元は40人、8000元以上は6人である。調査の対象総数の13.8%、48.8%、32.5%、4.9%の比率を占めている。月給は3000~8000元の人が多い。

表8.7月給

| | | 頻数 | 比率 | 有効比率 | 累積比率 |
|---|---|---|---|---|---|
| 有効数 | 3000元未満 | 17 | 13.8 | 13.8 | 13.8 |
| | 3000~5000元 | 60 | 48.8 | 48.8 | 62.6 |
| | 5000~8000元 | 40 | 32.5 | 32.5 | 95.1 |
| | 8000元以上 | 6 | 4.9 | 4.9 | 100.0 |
| | 総計 | 123 | 100.0 | 100.0 | |

　表8.8は旅行の目的の結果を示している。図表から見ると、今回この調査アンケートを受けた人で、ストレス解消の人は61人、知識面を広げた

い人は43人、自然と接触したい人は13人、家族と付き合うチャンスの人は6人である。調査の対象総数の49.6%、35%、10.6%、4.9%の比率を占めている。大部分の観光客はストレス解消と知識面を広げたい目的として観光をする。

表8.8 旅行の目的

| | | 頻数 | 比率 | 有効比率 | 累積比率 |
|---|---|---|---|---|---|
| 有効数 | ストレス解消 | 61 | 49.6 | 49.6 | 49.6 |
| | 知識面を広げたい | 43 | 35.0 | 35.0 | 84.6 |
| | 自然と接触したい | 13 | 10.6 | 10.6 | 95.1 |
| | 家族と付き合うチャンス | 6 | 4.9 | 4.9 | 100.0 |
| | 総計 | 123 | 100.0 | 100.0 | |

表8.9は西江千戸苗寨を知った方法の結果を示している。図表から見ると、今回この調査アンケートを受けた人で、マスコミの宣伝の人は22人、友達の紹介は60人、インターネットは32人、旅行会社のパンフレットは9人である。調査の対象総数の17.9%、48.8%、26%、7.3%の比率を占めている。この調査結果から見ると、旅行会社のパンフレットを通し、西江千戸苗寨のことを観光する人は最も少ない。

表8.9 西江千戸苗寨を知った方法

| | | 頻数 | 比率 | 有効比率 | 累積比率 |
|---|---|---|---|---|---|
| 有効数 | マスコミの宣伝 | 22 | 17.9 | 17.9 | 17.9 |
| | 友達の紹介 | 60 | 48.8 | 48.8 | 66.7 |
| | インターネット | 32 | 26.0 | 26.0 | 92.7 |
| | 旅行会社のパンフレット | 9 | 7.3 | 7.3 | 100.0 |
| | 総計 | 123 | 100.0 | 100.0 | |

表8.10は西江千戸苗寨を観光する目的の結果を示している。図表から見ると、今回この調査アンケートを受けた人で、少数民族風習の体験の人は47人、民族飲食の体験は43人、苗族の民宿の体験は11人、美しい自然の体験は22人である。調査の対象総数の38.2%、35%、8.9%、17.9%の比率を占めている。この調査結果から見ると、70%以上の観光客は苗

第8章　中国貴州省における少数民族観光

族の風習と飲食を体験するために西江千戸苗寨を観光している。

表8.10　西江千戸苗寨での観光の目的

| | | 頻数 | 比率 | 有効比率 | 累積比率 |
|---|---|---|---|---|---|
| 有効数 | 少数民族風習の体験 | 47 | 38.2 | 38.2 | 38.2 |
| | 民族飲食の体験 | 43 | 35.0 | 35.0 | 73.2 |
| | 苗族の民宿の体験 | 11 | 8.9 | 8.9 | 82.1 |
| | 美しい自然の体験 | 22 | 17.9 | 17.9 | 100.0 |
| | 総計 | 123 | 100.0 | 100.0 | |

　表8.11は西江千戸苗寨の観光客の頻度の結果を示している。図表から見ると、今回この調査アンケートを受けた人で、非常に少ない人は3人、少ない人は33人、普通は47人、多い人は34人、非常に多い人は6人である。調査の対象総数の2.4%、26.8%、38.2%、27.6%、4.9%の比率を占めている。調査結果から見ると、普通と思う人数は他の選択肢よりは多い。

表8.11　観光客の頻度

| | | 頻数 | 比率 | 有効比率 | 累積比率 |
|---|---|---|---|---|---|
| 有効数 | 非常に少ない | 3 | 2.4 | 2.4 | 2.4 |
| | 少ない | 33 | 26.8 | 26.8 | 29.3 |
| | 普通 | 47 | 38.2 | 38.2 | 67.5 |
| | 多い | 34 | 27.6 | 27.6 | 95.1 |
| | 非常に多い | 6 | 4.9 | 4.9 | 100.0 |
| | 総計 | 123 | 100.0 | 100.0 | |

　表8.12は貴州省以外の観光客数についての結果を示している。図表から見ると、今回この調査アンケートを受けた人で、非常に少ない・ほとんどいない人は5人、少ない人は28人、省内の観光客とほぼ同じ人は38人、多い人は40人、非常に多い人は12人である。調査の対象総数の4.1%、22.8%、30.9%、32.5%、9.8%の比率を占めている。調査結果から見ると、貴州省以外の観光客は多いと思う人は最も多い。

156

8.3. 調査データのSPSS分析

表8.12　貴州省以外の観光客数

| | | 頻数 | 比率 | 有効比率 | 累積比率 |
|---|---|---|---|---|---|
| 有効数 | 非常に少ない・ほとんどいない | 5 | 4.1 | 4.1 | 4.1 |
| | 少ない | 28 | 22.8 | 22.8 | 26.8 |
| | 普通 | 38 | 30.9 | 30.9 | 57.7 |
| | 多い | 40 | 32.5 | 32.5 | 90.2 |
| | 非常に多い | 12 | 9.8 | 9.8 | 100 |
| | 総計 | 123 | 100 | 100 | |

　表8.13の図表は西江千戸苗寨の観光資源と観光施設の使用程度の結果を示している。図表から見ると、今回この調査アンケートを受けた人で、十分に使用しない人は7人、ちょうど十分に使用する人は78人、ぎりぎりくらいまで使用する人は36人、観光客が多くて使用不足の人は2人である。調査の対象総数の5.7%、63.4%、29.3%、1.6%の比率を占めている。調査結果から見ると、ちょうど十分に使用する人数は他の選択肢よりはずっと多い。

表8.13　観光資源と観光施設の使用程度

| | | 頻数 | 比率 | 有効比率 | 累積比率 |
|---|---|---|---|---|---|
| 有効数 | 十分に使用しない | 7 | 5.7 | 5.7 | 5.7 |
| | ちょうど十分に使用する | 78 | 63.4 | 63.4 | 69.1 |
| | ぎりぎりくらいまで使用する | 36 | 29.3 | 29.3 | 98.4 |
| | 観光客が多くて使用不足 | 2 | 1.6 | 1.6 | 100.0 |
| | 総計 | 123 | 100.0 | 100.0 | |

　表8.14の調査対象は西江千戸苗寨の観光客である。調査の内容は観光客の満足度である。点数の標準は、非常に満足は5点、満足は4点、やや満足は3点、不満足は3点、非常に不満足は1点である。

表8.14　満足度

| | 調査総数 | 最小値(M) | 最大値(X) | 平均値(E) | 標準偏差値 |
|---|---|---|---|---|---|
| 1民宿 | 123 | 2 | 5 | 3.72 | .739 |

157

| | 123 | 1 | 5 | 3.74 | .818 |
|---|---|---|---|---|---|
| 2 飲食 | 123 | 1 | 5 | 3.74 | .818 |
| 3 チケット | 123 | 2 | 5 | 3.37 | .891 |
| 4 衛生環境 | 123 | 1 | 5 | 3.48 | .917 |
| 5 交通状況 | 123 | 1 | 5 | 3.41 | .965 |
| 6 共通施設 | 123 | 2 | 5 | 3.68 | .843 |
| 7 観光地活動 | 123 | 1 | 5 | 3.72 | .988 |
| 8 道の標識 | 123 | 1 | 5 | 3.77 | .939 |
| 9 観光商品 | 123 | 1 | 5 | 3.63 | .843 |
| 10 生態環境 | 123 | 1 | 5 | 4.00 | .941 |
| 11 ガイド | 123 | 1 | 5 | 3.38 | .928 |
| 総点数 | 123 | 20 | 55 | 39.90 | 7.141 |
| 有効 N（成列） | 123 | | | | |

　民宿の満足度については、最も低い点数は2点、最も高い点数は5点、平均値は3.72である。飲食の満足度については、最も低い点数は1点、最も高い点数は5点、平均値は3.74である。チケットの満足度については、最も低い点数は2点、最も高い点数は5点、平均値は3.37である。衛生環境の満足度については、最も低い点数は1点、最も高い点数は5点、平均値は3.48である。交通状況の満足度については、最も低い点数は1点、最も高い点数は5点、平均値は3.41である。共通施設の満足度については、最も低い点数は2点、最も高い点数は5点、平均値は3.68である。観光地活動の満足度については、最も低い点数は1点、最も高い点数は5点、平均値は3.72である。道の標識の満足度については、最も低い点数は1点、最も高い点数は5点、平均値は3.77である。観光商品の満足度については、最も低い点数は1点、最も高い点数は5点、平均値は3.63である。生態環境の満足度については、最も低い点数は1点、最も高い点数は5点、平均値は4.00である。ガイドの満足度については、最も低い点数は1点、最も高い点数は5点、平均値は3.38である。

　総点数の最小値は20点、最大値は55点、平均値は39.90、標準偏差値は7.141である。この標準偏差値の計算原理は、こちらの公式、

$s = \sqrt{\dfrac{\sum (x_i - \overline{x})^2}{n-1}}$ を通して計算した結果である。この結果から見る

と、標準偏差値が最も低いのは民宿である。つまり、観光客は、民宿に関する見方は大体同じで、偏差は小さい。平均値は、最も大きいのは生態環境である。つまり、観光客は以上の項目において満足度が最大なのは、生態環境である。それに対して、標準偏差値について最も高いのは観光地活動である。観光客は観光地活動に関する評価は多様なので、偏差値は高い。そして、平均値について最も低いのはチケットである。観光客はチケットに関する満足度は他の項目よりは低い。

表8.15の調査対象は、西江千戸苗寨の観光客である。調査内容は、この観光地の最も魅力的なところである。点数の標準は、1点から5点まで、1点は最も低い点数、5点は最も高い点数である。つまり、観光客は自分の魅了的な程度によって点数をつける。

表8.15　魅力度

|  | 調査総数 | 最小値(M) | 最大値(X) | 平均値(E) | 標準偏差値 |
|---|---|---|---|---|---|
| 1 苗族服装 | 123 | 1 | 5 | 4.17 | 0.884 |
| 2 苗族銀飾り | 123 | 2 | 5 | 4.27 | 0.878 |
| 3 吊脚楼 | 123 | 2 | 5 | 4.17 | 0.884 |
| 4 民宿 | 123 | 2 | 5 | 3.94 | 0.833 |
| 5 景観ホテル | 123 | 1 | 5 | 3.75 | 0.893 |
| 6 苗族の祝日 | 123 | 1 | 5 | 4.15 | 0.947 |
| 7 苗族の楽器と芸術品 | 123 | 2 | 5 | 4.12 | 0.845 |
| 8 苗族の飲食 | 123 | 2 | 5 | 3.96 | 0.872 |
| 9 生態環境 | 123 | 2 | 5 | 4.27 | 0.83 |
| 10 観光商品 | 123 | 1 | 5 | 3.69 | 0.907 |
| 総点数 | 123 | 20 | 50 | 40.49 | 6.439 |
| 有効 N（成列） | 123 |  |  |  |  |

苗族服装の魅力程度については、最も低い点数は1点、最も高い点数は5点、平均値は4.17である。苗族銀飾りの満足度については、最も低い点数は2点、最も高い点数は5点、平均値は4.27である。吊脚楼の魅力程度については、最も低い点数は2点、最も高い点数は5点、平均値は4.17である。民宿の魅力程度については、最も低い点数は2点、最も高い点数は5点、平均値は3.75である。景観ホテルの魅力程度については、最も低い点数は1点、最も高い点数は5点、平均値は3.72である。苗族の祝日の魅力程度については、最も低い点数は1点、最も高い点数は5点、平均値は4.15である。苗族の楽器と芸術品の魅力程度については、最も低い点数は2点、最も高い点数は5点、平均値は4.12である。苗族の飲食の魅力程度については、最も低い点数は2点、最も高い点数は5点、平均値は3.96である。生態環境の魅力程度については、最も低い点数は2点、最も高い点数は5点、平均値は4.27である。観光商品の魅力程度については、最も低い点数は1点、最も高い点数は5点、平均値は3.69である。

総点数では、最小値は20点、最大値は50点、平均値は40.49、偏差値は6.439である。この標準偏差値の計算原理は、前に述べたように、

$$s = \sqrt{\frac{\sum (x_i - \bar{x})^2}{n-1}}$$ を通して計算した結果である。この結果から見る

と、標準偏差値について最も小さいのは生態環境である。西江千戸苗寨の観光客は生態環境に関する見方では一致性は他の項目よりは高い。平均値については、最も高いのは苗族の銀飾りと生態環境である。つまり、この二つは西江千戸において最も魅力的なところである。それに対して、標準偏差値が最も高いのは苗族の祝日である。観光客は苗族の祝日に対した評価は多様である。非常に魅力と全然魅力ではない点数をつける人が多い。そして、平均値については、最も低いのは観光商品である。つまり、観光商品は他の項目よりは魅力程度は低い。

## 8.4. 調査データの差異分析

### 8.4.1 人口の特徴における満足度の差異分析:

表8.16における変量は多様の種類を対象とし、違う群体によって満足度を計算したものである。計算した結果の標準はP値である。P値はt/Fの数値によって対応した数値である。変量は二つある際、tを使用する。変量は四つある際、Fを使用する。P値は<0.05の場合は、顕著的な差異があるが、P値は>0.05の場合は顕著的な差異はない。

まずは、性別である。計算を通して、性別のP値は<0.05であるが、男女によって満足度の差異は著しい。平均値は女性より男性が高く、標準偏差値は女性より男性が低い。そのため、総体にいえば、男性の満足度と意見の一致性は女性より高い。

次は年齢による満足度の差異である。計算を通して、年齢のP値は>0.05であるが、年齢によって差異はあまりない。平均値は30歳~49歳の人は10歳~29の人よりは高く、標準偏差値は30歳~49歳の人は10歳~29歳の人は少し高い。したがって、結果から見ると、年齢によって満足度の差異はあまりない。

次は出身地による満足度の差異である。計算を通して、出身地のP値は>0.05であるが、出身地によって満足度の差異はあまりない。平均値は貴州省以外の地域の人は貴州省の人よりは高く、標準偏差値は貴州省が貴州省以外の地域の人より高い。そのため、結果から見ると、出身地によって満足度の差異は著しくない。

次は学歴による満足度の差異である。計算を通して、年齢のP値は>0.05であるが、学歴によって満足度の差異はあまりない。平均値は大学および以上の人は高校、専門学校の人よりは高く、標準偏差値は高校、専門学校、短大の人は大学および以上の人より少し高い。したがって、結果から見ると、学歴によって満足度の差異はあまりない。総体にいえば、大学の人はこの観光地に対した満足度の一致性が高い。

次は職業による満足度の差異である。計算を通して、職業のP値は>0.05であるが、職業によって差異はあまりない。平均値は会社企業の人

は最も高く、標準偏差値は教員の人が最も高い。つまり、会社企業の人はこの観光地に対した満足度が最も高い。教員はこの観光地に対した満足度の一致性が低いが、結果から見ると、職業によって満足度の差異はあまりない。

　次は月給による満足度の差異である。計算を通して、月給のP値は>0.05であるが、月給によって魅力的なところの差異はあまりない。平均値と標準偏差値は収入が8000元以上の人が顕著に高い。つまり、収入は8000元以上の人はこの観光地に対した満足度は最も高いが、満足度の一致性が低い。結果から見ると、月給によって満足度の差異はあまりない。

　次は旅行時間帯による満足度の差異である。計算を通して、旅行時間帯のP値は>0.05であるが、旅行時間帯によって差異はあまりない。平均値はGWの人は最も高く、標準偏差値は週末の人は最も高い。つまり、GWの人はこの観光地に対した満足度は最も高い。週末の人の満足度の一致性は最も低い。結果から見ると、旅行時間帯によって満足度の差異はあまりない。

### 8.4.2　人口の特徴における魅力的なところの差異分析

　以下の表8.16における変量は多様の種類を対象とし、違う群体によって満足度を計算したものである。計算した結果の標準はP値である。P値はt/Fの数値によって対応した数値である。変量は二つある際、tを使用する。変量は四つある際、Fを使用する。P値は<0.05の場合は、顕著的な差異があるが、P値は>0.05の場合は顕著的な差異はない。

　まずは、性別である。計算を通して、性別のP値は>0.05であるが、男女によって満足度の差異はあまりない。平均値は女性が男性より高く、標準偏差値は女性が男性より低い。つまり、男性は魅力的なところにつけた点数は高く、男性は魅力的なところの一致性が高い。調査結果から見ると、男女の魅力的なところの見方の差異はあまりない。

　次は年齢による魅力的なところの差異である。計算を通して、年齢のP値は>0.05であるが、年齢によって差異はあまりない。平均値は30歳

8.4. 調査データの差異分析

表8.16 満足度の差異

| 変数種類 | 人数 | 平均値(E) | 標準偏差値 | t/F値 | P値 |
|---|---|---|---|---|---|
| 性別 | | | | | |
| 男性 | 65 | 41.17 | 6.898 | 2.112 | 0.037 |
| 女性 | 58 | 38.48 | 7.2 | | |
| 年齢 | | | | | |
| 10歳〜29歳 | 44 | 39.39 | 7.105 | -0.597 | 0.552 |
| 30歳〜49歳 | 79 | 40.19 | 7.19 | | |
| 出身地 | | | | | |
| 貴州省 | 36 | 37.97 | 7.74 | -1.95 | 0.053 |
| 貴州省以外の地域 | 87 | 40.7 | 6.764 | | |
| 学歴 | | | | | |
| 高校、専門学校、短大 | 56 | 39.88 | 8.271 | -0.039 | 0.969 |
| 大学およびそれ以上 | 67 | 39.93 | 6.103 | | |
| 職業 | | | | | |
| 会社企業 | 68 | 41.22 | 6.343 | 2.296 | 0.081 |
| 国家機関 | 34 | 37.59 | 7.959 | | |
| 教師 | 13 | 40.38 | 8.559 | | |
| 学生 | 8 | 37.75 | 5.548 | | |
| 月給 | | | | | |
| 3000元未満 | 17 | 39.41 | 6.165 | 0.411 | 0.746 |
| 3000〜5000元 | 60 | 39.72 | 6.994 | | |
| 5001〜8000元 | 40 | 39.93 | 7.751 | | |
| 8000元以上 | 6 | 43 | 8 | | |
| 旅行時間帯 | | | | | |
| GW | 25 | 42.48 | 5.308 | 1.538 | 0.196 |
| 週末 | 18 | 38.17 | 9.666 | | |
| 連休 | 59 | 39.34 | 7.174 | | |
| 年休 | 10 | 38 | 5.099 | | |
| 春、夏、冬休み | 11 | 41.64 | 6.546 | | |

~49歳の人は10歳~29の人よりは高く、標準偏差値は30歳~49歳の人は10歳~29歳の人は低い。つまり、30歳~49歳の人は魅力的なところにつけた点数と一致性が高い。調査結果から見ると、年齢による魅力的なところの差異はあまりない。

　次は出身地による魅力的なところの差異である。計算を通して、出身地のP値は>0.05であるが、出身地によって魅力的なところの差異はあまりない。平均値と標準偏差値は貴州省以外の地域の人は貴州省の人よりは高い。つまり、貴州省以外の地域の人は魅力的なところにつけた点数と一致性が高い。調査結果から見ると、出身地による魅力的なところの差異は著しくない。

　次は学歴による魅力的なところの差異である。計算を通して、年齢のP値は>0.05であるが、学歴によって魅力的なところ差異はあまりない。平均値と標準偏差値は大学および以上の人は高校、専門学校の人よりは低い。つまり、高校、専門学校、短大の人は魅力的なところにつけた点数と一致性が高い。調査結果から見ると、学歴による魅力的なところの差異はあまりない。

　次は職業による魅力的なところの差異である。計算を通して、職業のP値は<0.05であるが、職業によって魅力的なところの差異は顕著である。平均値は会社企業の人は最も高く、標準偏差値は学生の人は最も高い。つまり、会社企業の人はこの魅力的なところにつけた点数は最も高い。そして、学生はこの観光地に対した魅力的なところの一致性が低いが、結果から見ると、職業による魅力的なところの差異は著しい。

　次は月給による魅力的なところの差異である。計算を通して、月給のP値は>0.05であるが、月給によって魅力的なところの差異はあまりない。平均値は収入が8000元以上の人は顕著に高い。標準偏差値は3000元未満の人は最も高い。つまり、収入が8000元以上の人は魅力的なところにつけた点数は最も高いが、学生は魅力的なところの一致性が低い。調査結果から見ると、月給による魅力的なところの差異はあまりない。

8.4. 調査データの差異分析

表8.17 魅力度の差異

| 変数種類 | 人数 | 平均値(E) | 標準偏差値 | t/F値 | P値 |
|---|---|---|---|---|---|
| 性別 | | | | | |
| 男性 | 65 | 40.57 | 5.362 | 0.148 | 0.883 |
| 女性 | 58 | 40.40 | 7.514 | | |
| 年齢 | | | | | |
| 10歳~29歳 | 44 | 40.41 | 7.875 | -0.101 | 0.920 |
| 30歳~49歳 | 79 | 40.53 | 5.537 | | |
| 地域 | | | | | |
| 貴州省 | 36 | 39.53 | 6.322 | -1.064 | 0.289 |
| 貴州省以外の地域 | 87 | 40.89 | 6.482 | | |
| 学歴 | | | | | |
| 高校、専門学校、短大 | 56 | 40.61 | 6.806 | 0.187 | 0.852 |
| 大学およびそれ以上 | 67 | 40.39 | 6.167 | | |
| 職業 | | | | | |
| 会社企業 | 68 | 41.60 | 5.376 | | |
| 国家機関 | 34 | 37.85 | 6.675 | 3.034 | 0.032 |
| 教師 | 13 | 42.08 | 6.751 | | |
| 学生 | 8 | 39.63 | 10.322 | | |
| 月給 | | | | | |
| 3000元未満 | 17 | 41.47 | 8.719 | | |
| 3000~5000元 | 60 | 40.58 | 5.676 | 0.902 | 0.443 |
| 5001~8000元 | 40 | 39.48 | 6.710 | | |
| 8000元以上 | 6 | 43.50 | 3.834 | | |
| 旅行時間帯 | | | | | |
| GW | 25 | 42.40 | 3.524 | | |
| 週末 | 18 | 36.72 | 6.935 | | |
| 連休 | 59 | 40.07 | 6.810 | 2.934 | 0.024 |
| 年休 | 10 | 42.10 | 4.977 | | |
| 春、夏、冬休み | 11 | 43.09 | 7.569 | | |

次は旅行時間帯による魅力的なところの差異である。計算を通して、

第8章　中国貴州省における少数民族観光

旅行時間帯のP値は<0.05であるが、旅行時間帯によって差異は顕著である。平均値と標準偏差値は春、夏、冬の人は最も高い。つまり、春、夏、冬休みの人は魅力的なところにつけた点数は最も高いが、一致性は最も低い。結果から見ると、旅行時間帯による魅力的なところの差異は著しい。

### 8.4.3　調査アンケートの信頼性

　このアンケートの信頼性を分析するために、クロンバック（Cronbach's）の方法を使用した。この調査アンケートはすべて15個の質問を含める。基本質問のCronbach's Alphaは0.935、満足度のアンケートのCronbach's Alphaは0.91、魅力的なところのアンケートのCronbach's Alphaは0.905である。そのため、この調査アンケートの信頼性が高く、さらに分析できる。（α信頼性の係数は0~1の間である。0.9以上の場合は、信頼性は高い。0.8~0.9の間に信頼性はやや高い。0.7~0.8の間に修正する質問がある。0.7以下は信頼性が低く、改めて設計する必要がある。

表8.18　信頼性

|  | 項目数 | Cronbach-$\alpha$ |
|---|---|---|
| アンケートの全体 | 21 | 0.935 |
| 満足度 | 11 | 0.91 |
| 魅力的なところ | 10 | 0.905 |

### 8.4.4　調査アンケートの効用性

　KMO値は因子分析に合うかどうかの標準である。KMOの数値は0.5以下の場合は、この調査は因子分析に使えない。以下の図表から見ると、西江千戸苗寨の観光客に対した満足度と魅力的なところのKMOは全部>0.7、Bartlett の検定のp値は<0.001である。そのため、この調査は因子分析の方法を通して、効用性を検討することはできる。そして、因子負荷量は>0.400なので、この調査アンケートは有効である。

表8.19 効用性

| 調査項目 | 調査内容 | 因子負荷量 | KMO | P |
|---|---|---|---|---|
| 満足度 | 1民宿 | 0.647 | 0.888 | ＜0.001 |
| | 2飲食 | 0.688 | | |
| | 3チケット | 0.678 | | |
| | 4衛生状況 | 0.766 | | |
| | 5交通状況 | 0.798 | | |
| | 6サービス施設 | 0.759 | | |
| | 7観光地活動 | 0.764 | | |
| | 8道の印 | 0.776 | | |
| | 9観光商品 | 0.717 | | |
| | 10生態環境 | 0.692 | | |
| | 11ガイド | 0.692 | | |
| 魅力的なところ | 1苗族服装 | 0.790 | 0.905 | ＜0.001 |
| | 2苗族銀飾り | 0.725 | | |
| | 3吊脚楼 | 0.719 | | |
| | 4苗族民宿 | 0.791 | | |
| | 5観景ホテル | 0.744 | | |
| | 6苗族の祝日 | 0.813 | | |
| | 7苗族の楽器と芸術品 | 0.764 | | |
| | 8苗族の飲食 | 0.708 | | |
| | 9生態環境 | 0.685 | | |
| | 10観光商品 | 0.595 | | |

## 8.4.5 相関分析

表8.20と表8.21は西江千戸苗寨の観光客の満足度とこの観光地の魅力的なところの相関性の分析図表である。結果から見ると、ピアソンの顕著性は<0.05、そして、相関係数（r）は0.676なので、0.4<| r |≦0.7の間にある。そのため、満足度と魅力的なところの正の相関の関係がある。つまり、魅力的なところの点数の上がりとともに、満足度も高くなる。

第8章 中国貴州省における少数民族観光

表8.20 相関係数

| r | 意味 | 表現方法 |
|---|---|---|
| 0 | 相関なし | まったく相関はみられなかった |
| 0＜｜r｜≦0.2 | ほとんど相関なし | ほとんど相関がみられなかった |
| 0.2＜｜r｜≦0.4 | 低い相関あり | 低い正（負）の相関が認められた |
| 0.4＜｜r｜≦0.7 | 相関あり | 正（負）の相関が認められた |
| 0.7＜｜r｜＜1.0 | 高い相関あり | 高い正（負）の相関が認められた |
| 1.0 または-1.0 | 完全な相関 | 完全な正（負）の相関が認められた |

表8.21 相関性

| | | 最吸引項目得分 | 満意度得分 |
|---|---|---|---|
| 魅力的なところの点数 | Pearson 相関性（r） | 1 | .676** |
| | 顕著性 | | .000 |
| | N | 123 | 123 |
| 満足度の点数 | Pearson 相関性（r） | .676** | 1 |
| | 顕著性 | .000 | |
| | N | 123 | 123 |

**. 信頼区間は0.01の際に相関性は顕著である。

168

## おわりに

　本章はSPSSの分析方法を使用し、この観光地の満足度に関すること、特に観光客の満足度と魅力的なところの評価の関係を明らかにした。調査の結果から見ると、70%以上の人は友達の紹介とインターネットを通して西江千戸苗寨を知っている。そのため、旅行会社やマスコミの宣伝が十分ではないことが分かった。そして、70%以上の観光客は西江千戸苗寨の民族風習や飲食のためにこの観光地を訪問している。これはこの観光地の「セールスポイント」とし、観光客を引き寄せる。調査する前に、少数民族の風俗と自然環境が重要と思われたが、調査結果から見ると、飲食業は徐々に観光業に貢献している。

　満足度の調査結果から見ると、生態環境の評価は最も高いことをわかる。満足度が最も低いのはチケットである。次はガイドである。チケットの問題はこの観光地だけではなく、中国のほかの観光地もこのような問題を持っている。中国のチケットの値段は確かに日本のチケットと比べると高い。

　魅力的なところの調査結果から見ると、魅力的なところで評価が最も高いのは二つある。一つは苗族の銀飾りであり、もう一つは生態環境である。この結果は満足度の生態環境と呼応する。こう見れば、西江千戸苗寨の中において生態環境の評価が高い。民俗と飲食のために観光するが、最も人気が高いのは生態環境である。そのため、生態環境の保護は重要である。

　現在、中国の現状において観光業は政府の指導を離れていない。民族観光でも、政府の指導の下で発展している。このような状況であるため、政府は自分の位置と住民の現状をはっきり意識する必要がある。政府は住民を中心とし、観光現状を分析し、それにふさわしい観光方針と政策を出すのが重要である。

# 参考文献

中国国家統計局「居民収入保持較快増长」2015年11月27日閲覧

環境省「エコツーリズムに関する国内外の取り組みについて」https://www.env.
go.jp/council/22eco/y220-01/mat_03.pdf, 2015年11月27日閲覧

水木社区贵州讨论 http://m.newsmth.net/article/Guizhou/206208, 2015年12月11
日閲覧

# 9章

# 新疆ウイグル自治区・カシュガル地区における民俗観光

リシャラテ　アビリム

## はじめに

　本稿はカシュガル市およびその周辺地域の少数民族に関する観光産業と民俗文化の持続的な発展の可能性について分析したものである。本稿では、民俗文化を観光資源として観光産業に活用することにおいて、カシュガル地域の民俗観光を促進し、地域の経済発展と同時に地域文化の保持することを両立させることについて考察した。

　カシュガルは、新疆ウイグル自治区を代表する観光都市である。カシュガル地域には、毎年、国内はもとより海外からも観光客が多く訪れる。カシュガル地域は、中国の代表する観光名所として世界的に知られており、主な観光地として「エイティガール大モスク」、「イパルハン墓」、「タシコルガン古城」、「モア仏塔」といった古代遺跡などが挙げられる。カシュガルでの観光はこれらの古代遺跡を巡る旅が中心のため、観光客は現代に引き継がれている「生きた」伝統文化に直接触れられる機会が少ない。さらに、カシュガルの観光では西洋式宿泊施設での滞在が中心で、観光客にとって現地の伝統文化を享受しづらい環境となっている。

　観光客の多くは、その地域の景観、産業、伝統的な文化などに触れたいという欲求も少なからずあると考えられ、それらを満たす方策を考えることによって、観光産業が大きく発展すると思われる。しかし、多くの観光客が利用する西洋式宿泊施設や古代遺跡によってもたらされた利益は、宿泊施設や遺跡を管理する業者にそれぞれ吸収され、広く地域全体の発

第9章　新疆ウイグル自治区・カシュガル地区における民俗観光

展、経済発展に寄与しているといえない現状もある。

## 9.1　本研究に関する先行研究

　新疆ウイグル自治区は、中国の西部大開発の大きな対象地域であり、発展途上の過程にある。本稿では、そのような地域に居住する人々が、自らからの伝統文化を観光に活用することによって、伝統文化を持続させ、経済的な発展を遂げる観光について検討し、問題点を見出し、どのような側面で新たな研究が必要であるかを確認する。

　展鳳彬（2008）は、四川省成都市における「農家楽」を調査し、「農家楽」の経営を通じて伝統的な農業構成が変化し、農民の経済力を上昇させ、地域の雇用も創り出し、新しいタイプの農民が生まれてきたと論じた。このような分析と論点は、本研究の目的と一致している。「農家楽」とともに、農村の伝統文化の維持、環境の改善、インフラ整備、都市住民との交流などを促進した。しかし、その反面、現在の中国の「農家楽」は個人経営型が多いため、管理の不完全さ、地域資源が効率的に利用されないこと、地域の特徴を出していないこと、地域ブランドの単一化などの問題が存在していることが指摘されている（展鳳彬2008:241-246）。ただし、展鳳彬が取り上げた課題と結論には、考慮すべき点がある。たとえば、個人経営のためであるという理由で問題を提起しているのは論理的ではなく、単純な結論のように思われる。確かに、展鳳彬が論じたように、中国における農家楽は個人経営であるのが多い。特に、新疆ウイグル自治区の農家楽もそのような観光のあり方で進んでいる。

　周と池田（2007）は、湖南省における「農家楽」の実態を考察し、株洲市でおこなった「農家楽」に対する事例調査を行っている。その結果によると、同地の「農家楽」を農家飯店から発展したものであるとした。さらに都市と農村の所得に関して述べ、都市住民の観光概念と生活様式が転換することは、「農家楽」の発展要因となるとして、「農家楽」が地域生活に経済活性化をもたらしているメリットを確認している（周と池田2007:2139-2140）。周と池田は中国における「農家楽」の間には顕著な相違がないため、今後地域間の競争が激しくなっていくと指摘している。他方、

172

「農家楽」は農村経済の活性化と農村都市間交流の推進に役立つという調査結果をまとめたところは、本研究の課題と同様である。

　戚 智勇　他（2010）は、湖北省恩施市芭蕉郷における「農家楽」の実態を考察し、対象地でおこなった「農家楽」に対する事例調査を行っている。この研究では、持続可能な農山村振興を図るために、家庭用メタンガスの導入から農家楽の展開まで取り組んできている湖北省恩施市芭蕉郷を研究対象として取り上げ、農山村振興の経緯と実態を明らかにするとともに、そこでの農家楽の特徴や今後の課題などを検討した。戚 智勇　他は、「農家楽」の時代的な背景について、都市住民が生活の質の向上を求め、余暇活動へのニーズを高めていること、農村住民の所得の増加するために、多様化の農業、農村振興活動の活溌化させていることを述べた。また、地域の伝統文化や自然景観資源を生かして「農家楽」を展開したことは、地域経済への貢献が大きいと主張したところは本研究と一致する。

　以上、農村地域の観光に関する研究のうち、特に、伝統文化を生かした観光に関する研究を中心に紹介した。しかし、新疆ウイグル自治区の文化を生かした農村観光を論じた研究は、大変少ないということが理解できた。そこで、新疆ウイグル自治区における観光産業の新たなあり方として、農村観光における国際、国内観光客に注目されている「農家楽」の事例調査の結果を参考にしたい。伝統文化を活用した農村観光活動を通じて、農村にもたらすメリットを分析し、新疆ウイグル自治区以外の農村にも目を配りながら、観光と農村文化・農村地域経済の発展について論じたい。

## 9.2　調査対象地域の概観

### 9.2.1　カシュガル地区の概況

　カシュガル地区は、新疆ウイグル自治区のタクラマカン砂漠西端に位置したオアシス地帯にある。カシュガルはシルクロードの東西の交易の中心地として栄え、伝統文化と暮らしが維持されてきた地域である。

第9章　新疆ウイグル自治区・カシュガル地区における民俗観光

図9.1 カシュガルの位置

出典:Beijinging (2010)「新疆ウイグル自治区地図」webを参考に作成

　カシュガル地区は温帯大陸性気候に属し、乾燥地帯である。民家は干し煉瓦で造られ、灌漑用水路が発達し、牛、羊などの家畜の飼養、綿花、果樹、畑作などの農業も盛んである。四季は明確で、夏が長く、冬は短い。年間平均気温は11.7℃(東京、15.4℃)、年間降水量30~60ミリ(東京、1,528.8ミリ)である。

　西はキルギス、タジキスタンと接し、南はアフガニスタン、パキスタンと国境を接している。総面積は16.2万平方キロである。カシュガル地区の総人口は3,487,556人であり、少数民族の人口は91%を占める。カシュガル地区ではウイグル族が総人口の90%、漢族は9%を占め、他の少数民族は1%である。他の少数民族はタジク族、キリギス族、シボ族、モンゴル族、ロシア族、ダオール族、タタール族などであり、9つの少数民族が居住している(熊谷2011:47)。

9.2 調査対象地域の概観

　カシュガル市は南新疆ウイグル自治区の重要な都市であり、面積は15平方キロである。同市は国家歴史文化名城に指定されている。ウルムチ市からカシュガル市までの距離は、1,473キロである。中央アジアやパキスタンからの交通路と交わり、先述のように古くから交通の要衝として栄えた。

　カシュガルの鉱物資源には石炭、石油、石綿、鉄、銅、金、石炭岩、大理石などがある。農産物の種類は豊富で品質も良く、自治区内での消費や国内に移出され、国外にも輸出さている。特に、果樹が発展し、カシュガル地方の幅広い農村で栽培され、知名度が高い。ヤルカンドのアーモンド、アトシユのイチジク、カシュガル市郊外農村のザクロ、クルミ、小桃など特産品の産地として有名である。農地の面積も急速に増加し、綿、麦、豆類、果実などが幅広い範囲で栽培されている（劉宇生他2003:406-407）。

### 9.2.2　事例地域「老城路高台民族居住街」の概況

　老城路高台民族居住街は、カシュガル市内に存在し、歴史的にはおよそ2000年前から人々が生活していたといわれている。9世紀半ば、高い崖の北側は当時代の王宮の建物があり、高い塀があった。

　歴史的に有名な伝説として、数千年前にパミール高原方面から突然、山津波が発生し、カシュガル地区の一部が南と北の二つに別々の高い斜面に分割されたとされる。そのうち日当たりの良いその南側の斜面に老城路高台民族住居街が形成されたという伝説がある（新疆光庁編2011:503）。

　カシュガル市内の老城の東南部に位置したところに旧住街がある。同地は平地からの最高地点が100メートル余り、最低地点が30メール余り、幅は800メートルほどの高台に位置し「老城路高台民族居住地街」と呼ばれる。同地は高台に位置しているため、空気がきれいで、周辺の風景を遠望できる環境にある。洪水や暴雨の水害を防げることで、優良な地勢となっている。住宅のほとんどは干しレンガの土づくりの家であり、そこに住む人々は少なくても2000年以上前から、代々居住していたといわれ

175

ている。

　現在、老城路高台民族住街地域に住む住人の戸数は、603戸、総人口は2450人である。カシュガルの老城路高台民族居住街では、一般の生活用品である陶器の製造が行われている。土陶業に従事する戸数は、30戸、土陶製作者は50人余りである。陶器焼成技術は悠久の歴史がある（新疆観光庁編2011:501）。

　土陶産業以外にも、多くの住民は家族制手工業的な民族帽子、小さなナイフ、皮の工芸品、鉄、木製の民族工芸品などを作り、スカーフ、シルク製品、干し果物、民族衣装などの販売を行い、家庭料理を提供し、民族舞踊を披露して生計をたてている。中には、民族の歴史ある生活用品を商品とする骨董店を営んでいる民家もある。

　カシュガル老城路高台民族居住街の入場料管理事務所のデータ（2012年）によると、高老城路高台民族居住街で「民俗家訪」の経営をしている家庭は38戸であり、観光産業に従事している住民は、102人である。

　老城路高台民族居住街では、1990年代後半頃から観光客が増えつつあり、少しずつ単純な形で「民族家訪」の経営が始まった。「民族家訪」を行う家庭が増加すると、行政は、2005年8月から規制を行うようになり、新疆ウイグル自治区観光庁が定めた「農家楽の経営基準」により、カシュガル市観光局が営業許可証を発行するようになった。

## 9.3. カシュガルにおける民俗観光資源概況

### 9.3.1 風俗、習慣に関する民俗観光資源の有益性

　民俗観光資源とは、民族の風俗や習慣に関する有形、無形の文化的要素を経済活動として観光産業に活用される現象のことである。民俗の意味は、民族の風俗・習慣などの総称を示し、人々の長期にわたった精神活動や物質的活動により作られ、先祖から子孫に伝われてきた風俗・習慣のことである。

　また、陳福義と範保宁（2008）は、「民俗は民間風俗であり、民俗風俗は各民族が特定の自然環境と社会環境の中で、長期にわたり、生産活動、

9.3. カシュガルにおける民俗観光資源概況

生活活動と社会活動を従事してきた過程を通じて表れてきた風俗習慣」であると述べた（陳福義と範保宁2008:241）。

民俗観光は民間の風俗・習慣に関わる様々な文化要素を観光資源として観光客に提供する民族性、地域性的な特色を持っている社会文化現象である。地方の特色と民俗の特色は地方の観光資源開発基盤でもあり、特性でもある。開発開放以後、中国政府は全国各地の地方資源と民俗資源を十分に利用することを通じて、地方の経済発展と民俗文化の特色を観光資源として開発する戦略に力を注いできた。

### 9.3.2 カシュガルにおける主な民俗観光資源

カシュガル地域では、老城路高台民族居住街、中国最大の清真寺とされるエイティガール・モスク、香妃墓、国際民族バザールなどが観光の中心である。郊外には、カラハン朝の大ハーンであるアルスラン・ハーンの墓や古代遺跡が多い。隣国のパキスタンやアフガニスタンからのビジネス観光客が多く、韓国や日本からの観光客も少なくない。国内では、中国の沿岸部からの漢民族の観光客数が年々増加している。

古代から続く広大な国際民族バザールでは、食料や衣類などの生活物資、家畜、電化製品はじめ、中国や周辺諸国、中央アジアの国々の特産物が販売されている。郊外の観光地としては、パミール高原のカラクリ湖、ウパール村の月曜バザール、ユスフ・ハス・ハジフマザール、マフムード・カシュガリー陵墓、ムール仏塔、バシュキラム果樹園などがある。

それ以外に、タシコルガンタジク族自治県など少数民族が居住する民族故郷では、パミール高原の美しい自然風景を含めた自然景観とタジク族、キリギス族の民俗風俗習慣、生活文化を含めた民族文化景観がある。異国情緒漂うカシュガルは魅力的な観光地となっている。

陳福義と範保宁（2008）は、民俗観光資源を下記のように「物質的民俗観光資源」と「文化・娯楽民俗観光資源」の2つに分けて述べている（陳福義と範保宁2008:247-258）。

物質的民俗観光資源とは、人々が目に見える、手で触ることができる

177

第9章　新疆ウイグル自治区・カシュガル地区における民俗観光

物質的な生活文化習慣であり、それらを観光産業として取り入れることにより、経済的価値を見いだす。例えば、少数民族の服装習慣というと、スカーフ、帽子、ネックレス、指輪などがある。居住居習慣はウイグル人の四角の干し煉瓦の家、キリギス族のパオ、タジク族の四角、あるいは円型式の石の家などであり、これらは、現在のカシュガルの民俗観光産業において誘引力が大きい。

| | | |
|---|---|---|
| 物質的民俗観光資源 | 居　住 | カシュガル市内では固定式居住。遊牧民族のタジク族、キリギス族の居住様式は草原、高原ではパオである。ウイグル族の住宅の多くは、干しレンガで造られ、高い塀に囲まれ、頑丈な門があり、その中は広い庭となっている。玄関は西に開けてはならないとされる。 |
| | | カシュガルのパミール高原に住むタジク族の伝統的な家は石で造られる。キリギス族は動物の毛あるいは皮で作られたパオに住む。 |
| | 服　飾 | ウイグル族の服飾習慣は中央アジアの雰囲気を感じさせる。例えば、ウイグル族は老若男女を問わず、同じ四角い帽子をかぶる。男性は襟の長衣の下に花模様の刺繍が入った短いシャツを着る。女性はいつもワンピースの上に襟の黒いチョッキを着る。タジク族の男性は長いコートを着て、ベルトを締める。頭に子羊の毛皮で作られた丸い帽子を被る。 |
| | 飲　食 | ウイグル族と遊牧民族の食文化習慣は大きく異なる。ウイグル族は小麦粉、米を主食とし、食文化は中央アジアの国々と似ている。ミルクティーを好んで飲む。ヒツジの肉を串に刺し、焼き肉にしたシシカバブを好む。肉は主に、牛肉、羊肉、馬肉、鶏肉、魚を食べる。 |
| | 特産品 | 特産酒類、民族衣装、農産物、古石、玉名、金属製品、民族工芸品など。 |
| | 民俗景観 | カシュガル民族国際バザール、タジク民族文化村、民族商店街、老城路高台民族居住街、古石名店、玉石名店、古代村建築景観、ウイグル族伝統建築博物館、博物館、民族資料館、民族体育館など民族文化施設がある。 |

**出典：陳福義と範保宁（2008）247-248をもとに筆者が加工**

178

**表9.1. カシュガルにおける物質的民俗観光資源の分類**

文化・娯楽民俗観光資源には言語、文字、文学、芸術、舞踊、音楽、忌避、お祭り、行事などが含まれる。文化・娯楽民俗観光資源について下記の表にまとめた。

**表9.2. カシュガルにおける文化、娯楽民俗観光資源の分類**

| 文化・娯楽民族観光資源 | 言語、文字 | ウイグル族、キリギス族などは、アルタイ言語系トルコ語族に属し、ウイグル語を使用する。それ以外の少数民族も独特な言葉と文字を持っている。学校、仕事、ビジネス、近所交際関係の面では、ウイグル語を使用する場合は多い。 |
| --- | --- | --- |
| | 文学 | ウイグル族の「トルコ辞典」、「福楽知恵」とカザフ族の「マナス」など文学作品がある。 |
| | 芸術、音楽、舞踊 | オンシキムカム民族音楽、カシュガル民間音楽、サマーン踊り、タジク族、キリギス族の民間歌舞などがある。 |
| | 民俗体育、芸能 | ダラワズ（網渡り）、柔道、少女追、射箭、闘犬、闘鶏、競馬などがある。 |
| | 禁忌 | 家庭生活や食事などで、豚肉料理を食べない。一般の食堂、レストラン、大飯店などで、豚肉、ロバ肉、狗肉などのほか、飲酒、喫煙も禁止。 |
| | お祭り、行事 | 犠牲行事、ラマダン、断食、金曜礼拝、ナオルズ祭りなど。 |

**出典：陳福義と範保宁（2008）258-262をもとに筆者が加工**

カシュガルは自治区内の他の各都市と比べ、特色ある観光資源に恵まれている。そのため、自治区政府とカシュガル地方政府は観光資源の活用を図るため、2010年にウイグル族の伝統舞踊「サマーン」を国家無形文化遺産に登録した。カシュガルは国家国務院から1986年に「国家級歴史文化名城」、2004年には、「国家優秀観光資源都市」として評価された（新疆観光庁編2011:490）。

## 9.4. カシュガルにおける民俗観光の発展状況

### 9.4.1 初期段階の民俗観光の開始

第9章　新疆ウイグル自治区・カシュガル地区における民俗観光

　カシュガルにおける民俗観光はかなり古くからあったと考えられる。シルクロードの古代道は、中国の西安からイタリアのローマまでつながり、アジアとヨーロッパの国々との交易、経済、友好関係の発展のため、歴史的な役割を担っていた（Adil Muhamed 2011:254）。当時のカシュガルの人々は、様々な伝統文化、風俗習慣の特性が表れる名所や伝統建築物などを重要な観光資源として、観光産業の発展を促進させる役割を担っていたと想像される。

### 9.4.2　民俗観光資源の段階的な発展

　1985年前後から、新疆ウイグル自治区の特色ある民俗観光地を訪れるため、海外から多くの観光客がやってきた。しかし、当時はカシュガルの交通機関、宿泊施設、飲食店などのインフラ整備が不十分であった。さらに、旅行会社やガイド（通訳）など、観光関連の建築物やサービスも十分に整ってない状態であったため、カシュガルの民俗観光の発展にとって大きな阻害要因となっていた。

　カシュガル地区観光局が作成した「カシュガル地区観光産業の開発状況」によると、1980年代から2000年代までの主な民俗観光資源は以下のとおりである。

　　①仏教とイスラム教に関わる古代遺跡、宗教建築物、歴史的な人物の墓
　　　墳
　　②シルクロードの歴史
　　③カシュガル地域のイスラム風生活文化景観
　これらは、海外からの観光客の人気観光資源となり、当時、海外からの観光客数が著しく増加した。
　2000年代から現在までの民俗観光資源は、上記の資源はもとより、新たに以下のものが加わった。
　　① 民俗文化体験型の農家楽（民俗家訪）
　　② 少数民族の特色ある観光商品や伝統料理、歌、舞踊

③ パミール高原の自然とタジク族、キリギス族の伝統的な遊牧生活

④ 民族国際バザールでのショッピング

### 9.4.3 民俗観光の発展と促進の要因

観光客の増加は、カシュガル地域の魅力的な民俗観光資源と観光産業に関わるインフラ設備がかなり整備されたことや旅行会社の相互協力、情報の発達にもよる。自治区政府、地方政府及び観光機関が観光産業の経済的効果を重要視していることもまた、カシュガルにおいて民族観光が発展してきた重要な要因となっている。

カシュガルを訪れる観光客数の増加は、カシュガルの魅了的な民俗観光資源があるからだけではない。自治区政府や地方政府、観光機関による支援政策や情報発信、衛生面などの指導も挙げられる。さらに、先述のように、カシュガルの宿泊施設、飲食店、通信、交通機関などのインフラ建設や、旅行会社やガイドなどの観光サービスの向上なども重要である。

### 9.4.4 観光客数と観光収入

下記の表は、カシュガル地区の2002年から2006年までの国際・国内観光客数と観光収入の推移である。

表9.3　カシュガル地区の観光客数と観光収入　（2002年~2006年まで）

| 項目　　　　　　年 | 2002 | 2003 | 2004 | 2005 | 2006 |
|---|---|---|---|---|---|
| 国際観光客数（人） | 140,545 | 137,800 | 181,100 | 232,500 | 288,400 |
| 国際観光収入（万ドル） | 2,457.63 | 2,800.00 | 3,200.00 | 4,700.00 | 6,300.00 |
| 国内観光客数（万人） | 101,150 | 116,158 | 126,500 | 148,100 | 178,900 |
| 国内観光収入（億元） | 87.69 | 112.95 | 122.55 | 127.14 | 132.92 |

**出典:新疆ウイグル自治区観光庁「旅游統計科」（2010年）**

国際観光客数は、2002年が140,545人であり2006年は288,400人であった。つまり、わずか4年という短い期間に約2倍となった。それに伴って国際観光収入も約2.6倍に増加した。国内観光客数は、2002年と

第9章　新疆ウイグル自治区・カシュガル地区における民俗観光

2006年を比較すると、約1.8倍に増加し、それに伴って国内観光収入は約1.5倍に増加した。

　海外からの観光客や国内の観光客が増加したことの要因は、それぞれの国々の経済成長に起因するところも大きいが、観光対象となる地域の食事、衛生面、交通機関などを含めた安全、安心の情報も重要な要因となっている。観光客数の増加は、交通会社、旅行会社、宿泊施設、飲食店、お土産店、特産農産物、特産工芸品の商店街など、観光に参入した住民、企業者、団体などに経済的効果をもたらした。

　民俗観光産業の経済的な発展は、行政や地域住民の観光産業に対する意識を変化させた。さらに、少数民族が多く居住するカシュガル地区では、地域を経済的に発展させる仕組を創り、さらに同地における支援や協力、指導などに積極的に取り組むことにより、国内・国外からの観光客が増加するものと予想される。その中でも観光資源としての「民俗家訪」などは民俗観光資源として有効に活用されている事例といえる。

## 9.5.　老城路高台民族居住街における「民俗家訪」の展開
### 9.5.1　「民族家訪」と「農家楽」の定義

　「訪問型観光家庭（Aile Sayatchiligi）」はウイグル語あり、中国語では「民俗家訪」という名称が一般的である。下記に「民族家訪」、「農家楽」の説明、定義について紹介する。

　新疆ウイグル自治区の「民俗家訪」とは、体験型の農村観光住居である。一般的には、郊外にある経営者が田畑や住宅で、故郷の自然環境、風俗習慣、伝統文化、良質の食事を活用し、都会人を主なターゲットに、見学、休養、娯楽、料理、特産物ショッピングなどを提供する住居のことである（Anwer Ilham 2011:1）。

　中国の農村地帯に流行している民泊経営体を総合的に「農家楽」と呼ぶ場合が多い。日本であれば、「民宿、民泊」のことと解釈することができる。中国における農家楽とは、主に農村地域において、娯楽、体験、宿泊、飲食などのサービスを提供する観光経営体をいう（細野他

182

2010:32)。さらに、農家楽は、農村における地域資源を生かして、観光客に娯楽、体験、宿泊、飲食などのサービスを提供するものである（展鳳彬　2008:131）。

　一般的に農家楽は，農村景観や自然環境，農業生産活動，地域文化などを観光資源とし，観光客が農家家屋を訪れて地元料理を食べたり宿泊したりすることが主流である。農家楽とは、観光客が，農村の生活や農業を体験したり学んだり，美しい景観や豊かな自然環境を楽しんだりするといった観光形態のことを指す（髙田2010 :120）。

　1990年代の老城路高台民族居住街では「民俗家訪」としての営業許可はされていなかった。1990年代から少しずつ単純な形での営業が始まったが、行政が「民俗家訪」としての営業許可証を発行し、規制するようになったのは、2005年8月からであった。現在では、新疆ウイグル自治区観光庁が定めた「農家楽の経営基準」により、カシュガル市観光局が「民俗家訪」を実施している。

　カシュガル老城路高台民族居住街の入場料管理事務所でのインタビュー調査によると、老城路高台民族居住街におけるすべての「民俗家訪」には営業許可証があるが、一般的には、宿泊サービスを提供しないとの説明であった。その理由は、老城路高台民族居住街の通路は迷路状になっており、安全な宿泊部屋の確保、シャワー、風呂、ごみ処理設備などが整っていないことなど、観光客の要求を満たすレベルまでになっていないことであった。

### 9.5.2　「民俗家訪」の分類と特徴

　老城路高台民族居住街で展開されている「民俗家訪」の分類と特徴を述べると次のようになる。

### 1）家庭文化習慣体験型

　家庭文化習慣体験型「民俗家訪」の事例として、ラビア氏家族を紹介する。ラビア氏は40歳で、妹2人の3人で一緒に住み、2008年から「民俗家訪」を営んでいる。「民俗家訪」を営むきっかけは、老城路高台民族居

住街に観光客がやって来るようになり、自然に家にも訪れるようになったことである。家庭料理を求めたり、手作りの帽子やスカーフなどを欲しがったりする観光客もいたので、実演して提供するようにした。

　ラビア氏の説明によると「中国の沿岸部からの訪問客が多く、料理を食べ、民族音楽を聴き、民族衣装を着た娘たちと一緒に踊り、休憩する。また、手作りの商品もたくさん買ってくれる。2008年の収入は3000元ぐらいであったが、2013年以降、増加して2万元以上になっている」とのことであった。

　カシュガルの地方的なラグメンや手作り餅などの伝統料理を食べ、料理の作り方を学ぶ場所は、食堂やレストランではなく、一般住民の家庭である。一般家庭では言葉や習慣など広い範囲で伝統生活文化と接することができ、異民族と交流し、異文化を学ぶことができる。絨毯の上での座り方や食事のマナーを学び、伝統的な絨毯に座って歌を聞ける。スイカ、メロン、お茶、ナンなどウイグル族の毎日の食べ物を味わいながら、踊りを鑑賞できる。家の娘さんたちと一緒に踊り、歌いながら、民族ショーを体験できる。

## 2）特産農産物ショッピング型

　特産農産物ショッピング型の「民俗家訪」の事例として、「マイマイテ干し果物特産店」を紹介する。経営者のマイマイテ氏は26歳で、干し果物特産店の2代目の経営者である。マイマイテ氏の説明では、「2000年に自宅でオープンした。現在、父が残した自宅で、弟と協力して経営活動を続けている。カシュガルで有名な農産物のアンズ、イチジク、ザクロ、アーモンド、スイカ、メロン、クルミ、ナツメ、ブドウなど、いろいろな果物を販売している」とのことだった。

　マイマイテ氏の果物特産店の特徴は、以下のとおりである。

　① カシュガルの特産が多い。

　② 砂漠で自然乾燥した干し果物である。

　③ 1品種の果物でも、3品種から7品種まで種類が豊富である。

　④ 定価が表示され、地元、地方人、外国人に対して区別することなく

同じ価額で販し、訪問客の信用度が高い。

⑤ マイマイテ氏は、中国語、英語、日本語、韓国語で簡単なビジネス会話できる。

これらのことで、マイマイテ氏の干し果物特産店は優良経営となっている。

### 3）土陶品作り体験型

土陶品作り体験型「民俗家訪」の事例として「トルスン土陶品作り民俗家訪」を取り上げる。

トルスン氏は55歳で、土陶品を作る職人である。大家族の4代目である。兄と弟3人の家族工房である。トルスン氏の説明によると、この事業を始めたのは「カシュガル老城路高台居住街に観光客が多く訪れるようになった1990年代のことである」と教えてくれた。

また、トルスン氏は「先祖は、この地域住民が使うために土陶品を作ってきた。1990年代の終わり頃から、外国人観光客が家まで訪ねて来て、土陶品を購入するようになった。それで、自分が作っている土陶品が観光商品になると認識し、看板を付け、土陶品の量を増やし、訪問者の好みに合わせて、兄弟たちと一緒に土陶品作成工房を作り拡大した」と話した。

さらに、トルスン氏によると、「先祖が残した技術は、海外の人々に人気があり、誇りに思っている。また、年間収入は、6万元であり、兄弟一人当り、2万元となって満足している」とのことであった。

現代の土陶品デザインと古代土陶品デザインを研究し、改善した土陶品は、海外、国内からの観光客にとって人気の商品になっているという。

土陶品作り工房は二階にある。販売センターは一階で、奥さんが販売する。また、兄弟は、カシュガルの国際民俗市場でも土陶品店を開いている。観光客は、土陶品のデザインを自分で考え、自分で作ることも体験できる。

### 4）民俗工芸品販売型

民俗工芸品販売型「民俗家訪」の事例として、「アイシャムハン民俗家訪」を紹介する。アイシャムハン氏は50歳の女性であり、夫婦2人で、

第9章　新疆ウイグル自治区・カシュガル地区における民俗観光

自宅で経営を行っている。民俗家訪の経営を2004年にオープンした。

　アイシャムハン氏は、1980年代にカシュガル民族バザールで民俗工芸品を販売するお土産店の経営をしていた。老城路高台民族居住街を訪れる訪問者が増加したので、自宅を店と工房を含むイスラム風の家に改築した。

　自宅は地下1階、地上2階建てである。お土産店と絨毯、アトラス（伝統的な手織り）工房は、1階で、家族で暮らす住居は2階である。国内観光客と外国観光客向けの「民俗家訪」である。

　特色ある観光商品は、手作り工芸品の絨毯とシルク・アトラスである。また、ホータンやトルコで作られた絨毯も販売している。それ以外にも、ホータンの玉石、民族風のナイフ、民族衣装、楽器、シルクスカーフ、民族帽子などを販売している。

　アイシャムハン氏が「民俗家訪」の経営を始めたきっかけは、路上で売ったり、持ち歩いて売ったりするカシュガルの人々が多かったことである。アイシャムハン氏はその人たちと契約して、品質の良い工芸品を購入し、自分の「アイシャムハン民俗家訪」のお土産店の商品として売り出したと話した。アイシャムハン氏の家族のお土産店の総収入は、年に10万元ほどで、毎年増加しているという。

### 5）骨董品展覧型

　骨董品展覧型の事例として、ゲイニ氏の「民俗家訪」を取り上げる。ゲイニ氏は52歳で、妻のアイヌリハン氏と2人で経営をしている。ゲイニ氏の「民俗家訪」は2002年にオープンした。ゲイニ氏は中国語と英語を話す。

　ゲイニ氏の「民俗家訪」は老城路高台民族居住街の入口に位置し、自宅で骨董品を販売している。骨董品の種類は200種類以上であり、大半分の商品は古い時代のものであるという。また、中国の各民族や各地域から受け入れた骨董品も少なくない。

　ゲイニ氏の骨董品展覧型の「民俗家訪」には、壺や花瓶、水差しなどが並べられ、店に入ると古い生活用品が並べられている。古銭や銀の腕輪、明かり取りなどは、比較的小さな物なので、お土産品として購入しても持

186

ち運びに便利である。明かり取りは鋳物製、石製、陶器製などあり、カレーズを掘るときにも使われたので、人気がある骨董品とのことである。

海外や国内の観光客は、民族色豊かなカシュガル地区の観光に満足し、お土産品を購入したい気持ちになり、その地域の歴史や古い時代の民具などに興味を示す人々も多い。古い住宅街の通路には、水を入れておく瓶が無造作に置かれていた。

ゲイニ氏の年間平均収入は、4万元ぐらいで、中国の沿岸部からの観光客が購入する場合が多い。また、日本、韓国、マレーシア、シンガポールなどアジアの国々から観光客がよく訪れるという。商品の価額は経営者と訪問者のミーティングで決められる。骨董品を写真、あるいは、ビデオで撮影すると、20元の料金を支払うということである。老城路高台民族居住街の入口で、「ゲイニ骨董品展覧型」の基本的な販売商品が、書かれたパンフレットと経営者の名刺が配られていた。

老城路高台民族居住街における5種類の「民俗家訪」の特徴は、以下のとおりである。

① 古代建築街で、古い歴史がある。老城路高台民族居住街は、600年以上の歴史がある。老城路高台民族居住街における「民俗家訪」の経営をする住民は、カシュガルの伝統を維持保存してきた先住民族の孫子であるといわれている。

② 規模、資本力は、カシュガルの郊外にある農家楽に比べ小さい。老城路高台民族居住街における皮、シルク製品販売型販売、農産物ショッピング、民族衣装販売など、「民俗家訪」の経営を行う土地は、経営者の個人所有の土地であり、面積も狭い。もともと、観光客を受け入れる居住街ではなく、普通の居住街であったが、歴史的に古く、干しレンガの家や狭い迷路のような通路が珍しくて観光資源となった場所である。

③ 古い居住街が地域の活性化を促進している。観光産業の住民の生活におよぶ経済的効果と民俗伝統文化の保持、保護につながるメリットが大きいため、今後、認識を新たに改革されると思われる。

187

第9章　新疆ウイグル自治区・カシュガル地区における民俗観光

④地域住民により作られている民俗観光商品のほとんどは、カシュガル地区で作られた商品であるため、経営者の家族の生活を経済的に豊かにするだけでなく、カシュガル地域や周辺地域の人々の生活にも利益をもたらし、行政の負担を軽減することにもつながる。

⑤民俗文化を観光に活用することで、海外、国内からの訪問者は、地域住民の生活文化とふれ合い、民俗伝統文化を紹介し、世界の人々に、PRすることができる。この数十年間、中国の各自治区、各都市の民俗観光資源の開発は大きな成功をおさめ、民俗観光地域の接待力を高め、地域に対して経済的効果をもたらしていると思われる。

**まとめと今後の課題**

カシュガルの観光産業の発展を考察すると、まだ初期段階にあると思われ、今後大いに発展すると期待される。そこに住む人々のほとんどが、民族文化の面、特に他地域の文化と大きく異なることから、中国の代表的な民族文化に触れることができる観光地となっている。豊かな観光資源に恵まれ、大勢の観光客が訪れるため、地域に経済効果をもたらすとともに、文化的、社会的、行事、服装、生活習慣などに大きな影響力をもたらしているのもカシュガルの民俗観光開発の現実である。

現在、カシュガルの「民俗家訪」という新型観光形態に参入しようと準備する住民も少なくない。住民自ら民俗観光産業に参加し、「民俗家訪」を経営することにより、その地域と地元住民に経済的効果をもたらすことが認識されつつあるからである。

しかしながら、歴史の浅いカシュガル地域の「民俗家訪」の発展に関して「民俗家訪」経営者が解決しなければならない課題として、「民俗家訪」の管理方法、経営の仕方、インフラの整備、安全性や衛生意識の向上、衛生的な施設の整備などが挙げられる。そして、民族観光の開発や発展を阻害している様々な要因を明らかにし、解決を図らなければならない。カシュガルにおける民俗観光の持続可能な開発と発展を目指すため、課題の改善を図り、支援政策、人材育成などを講じていく必要がある。

現在の老城路高台民族居住街の自然景観や文化景観など、魅力的な観光資源を十分に保護・活用し、地域の特色ある民俗文化の潜在力を引き出し、厳しい観光競争に負けない誘引力・知的なサービス・清潔な食品・安全な社会環境などを観光発展の経営必須条件として備えることは重要である。このことは、カシュガルの民俗観光を始め、新疆ウイグル自治区の全体の民俗観光産業の持続可能な発展につながると考えられる。

　今後とも、観光行政、住民、地元経営者、旅行会社、観光宿泊施設、観光交通機関など民俗観光に関わる人々が、相互に協力し、学習し、親切であり、品質が良いサービスを生み出す環境を作ることは重要である。伝統文化要素や生産される農産物、工芸品などを観光資源とし、それによってもたらされる経済的効果は、地域の振興と活性化に貢献するものと思われる。


（注）：筆者は2014年4月と9月に、カシュガル地域における民俗観光の発展状況について、現地調査を実施した。


## 参考文献

Anwar, Ilham (2011)『Hoila Aram Sayaxetchiligi』Shinjang Haliq Nashiryati

Adil, Muhamed （2011）『Xinjiangdiki Milletler』Xinjiang PentehnikaNashiryati

Beijinging (2010)「新疆ウイグル自治区地図」http://beijinging.zening.info/hotel_china/Xinjiang.htm,　アクセス日2015年5月7日

陳福義、範保宁（2008）『中国観光資源学』中国旅游出版社

細野賢治、桂 英、李只香 （2010）「中国におけるグリーンツーリズムの経営戦略に関する一考察」『九州共立大学総合研究所紀要』(3)，31-38頁

戚智勇・劉瑜・盛茗・品部義博(2010)「中国における持続可能な農山村振興の展開と農家楽」『農村生活研究』(139),20-29頁

熊谷瑞恵(2011)『食と住空間にみるウイグル族の文化』昭和堂

劉宇生,張濱,劉暁慶(2003)『新疆概覧』新疆人民出版社

周晟、池田孝之、周旭 （2008）「湖南省における"農家楽"の実態に関する考察―株

洲市市域を事例として—」『日本建築学会計画系論文集』73(632) ,2139-2146頁

髙田　晋史（2010）「中国の農村政策にみる農家楽の政策的意義に関する考察」『京
都府立大学大学院生命環境科学研究科、農林業問題研究』（179）,283-288頁

展 鳳彬(2008)「中国の新型観光農家楽」『同志社政策科学研究』2（1）,241-246
頁

# 10章

# ヨーロッパ主要国における
# 観光政策

朝水 宗彦

## はじめに

　本章では、ヨーロッパにおける国々のうち、近代観光の発祥の地であるイギリス、現在インバウンド訪問者数が世界1位のフランス、ビジネス観光分野でヨーロッパ1位のドイツについて述べる。イギリスにおいて観光は基本的には民間企業や地方自治体が発展させるものであったが、万国博覧会やオリンピックなどの国際的な一大イベントでは国を挙げて実施に取り組んできた。他方、ナショナル・トラストのように非営利団体の保護活動が世界的に知られるようになり、結果として観光地としてのブランドを高める場合がある。

　フランスは中央政府が積極的に地方の観光開発に取り組んできたが、80・90年代には民間的な手法が模索された。しかし、近年では諸外国のインバウンド観光の発展が著しくなり、その対策の1つとして中央政府が対外プロモーションに力を入れるようになった。ドイツはビジネス観光分野が強く、地方都市でも国際会議や展覧会が成功している。さらに、ロマンティック街道を代表とする街道観光のように、地方の複数の観光地を線で結ぶ方法もまた対外的にも評価されている。

## 10.1　ヨーロッパにおける観光の概要

　産業革命とその後の交通面での近代化が他の地域より早く進んでいたことや、移動が容易な地続きの国が多い地理的な優位性、近年の格安航空

会社（LCC:Low Cost Carrier）の発展などから、ヨーロッパは国際観光客の受け入れが著しく発展している。さらに、現代のヨーロッパの観光を語る上で重要な役割を演じているのは、域内の移動の自由と通貨統合である（図10.1）。

図10.1　ヨーロッパ全図（グレーで塗られている国は2018年末現在EU未加盟国）
（フリー白地図https://www.sozai-library.com/sozai/4934を基に著者作成）

イギリスを除いたヨーロッパの主要国では、ヨーロッパ域内の移動の自由を保証するシェンゲン協定（Schengen agreement:1985年締結、1990年発効）の恩恵を受けている。ただし、同協定により、多くのヨーロッパ諸国では査証免除と自由な移動が認められているが、旧EC（ヨーロッパ共同体）およびEU（欧州連合）諸国でもイギリスのように同協定を批准していない場合がある。他方、スイスのようにEU加盟国でなくても、条約を批准している国々もある。さらに、マーストリヒト条約（Maastricht Treaty:1993年発効）により、旧ECからEUへ移行し、通貨

としてのユーロが1999年に導入された。

　EU諸国では観光分野での国際協調が見られる。2000年欧州理事会（リスボン）:『ヨーロッパにおけるツーリズムの未来のための協働』が発表された。ここでは観光による雇用促進策やTSA（Tourism Satellite Account）など、観光政策に必要な基盤整備が挙げられた（本田2007:68）。さらに、『改定されたEUツーリズム政策』（2006）では、リスボンでの欧州理事会のときの議題であった雇用問題や基盤整備に加え、環境問題もまた重視されている（本田2007:69）。

　さらに、「ヨーロッパの卓越した観光地」（EDEN:European Destination of Excellence）プロジェクト（2006）では持続可能な観光地開発が重視されている（二神2014:217）。EUにおける持続可能な観光評価システムの集大成として、2013年には「持続可能な観光地経営のためのヨーロッパ・ツーリズム指標システム（ETIS: European Tourism Indicator System for the Sustainable Management of Destinations）」が構築された（二神2014:217）。

　現在のヨーロッパをサブリージョン別に見ると、スペインやイタリア、ギリシア、ポルトガルのような南ヨーロッパにおける観光客数の伸びが著しい（図10.2）。ただし、国際観光客数あたりの国際観光収入を考慮すると、単価が安いため、必ずしも観光分野の国際競争力が相対的に高いわけではない。

第10章　ヨーロッパ主要国における観光政策

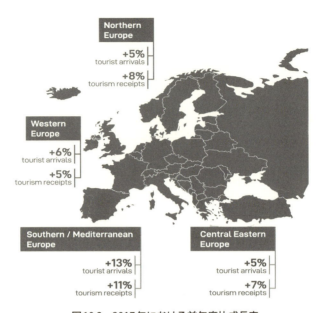

図10.2　2017年における前年度比成長率
出典：UNWTO (2018) *Tourism Highlights* 2018, p.9

　とはいえ、国際観光客の絶対数は今でもヨーロッパが圧倒的に多い。近年アジア太平洋地域の国際観光の成長が著しいが、2017年の時点でも、世界のインバウンド訪問者の半数以上はヨーロッパ地域が占めている（図10.3）。国別の統計を見ると、アメリカ合衆国や中国への訪問者が増加しているものの、世界1位のフランスや2位のスペインなど、こちらもヨーロッパの国々が上位を占めている（図10.4）。

10.1 ヨーロッパにおける観光の概要

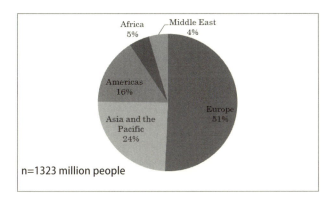

図10.3　国際観光客の受入数（2017年）
出典：UNWTO (2018) *World Tourism Barometer*, 16(3), p.4

図10.4　世界各国・地域への外国人訪問者数ランキング（2017）
*UNWTOの元データから上位20か国を抜粋
出典：JNTO (n.d.)「世界各国・地域への外国人訪問者数ランキング」
https://www.jnto.go.jp/jpn/statistics/visitor_statistics.hml,2017年11月30日閲覧

## 第10章 ヨーロッパ主要国における観光政策

なお、UNWTOにおける観光客の統計は1泊以上1年未満の訪問者を対象としているため、必ずしも余暇目的の訪問者のみを扱っているわけではない。いわゆるMICE（Meeting, Incentive, Conference / Congress, Event / Exhibition）関連のビジネス客も含まれる。ICCA（International Congress and Convention Association）が統計調査を行っている大規模な国際会議の開催地を見ても、2017年の時点ではヨーロッパが他の地域を圧倒している（図10.5）。ICCAによる国別の国際会議数では、アメリカ合衆国が1位ではあるが、2位のドイツや3位のイギリス、4位のスペインなど、こちらもヨーロッパの国々が上位を占めている（表10.1）。

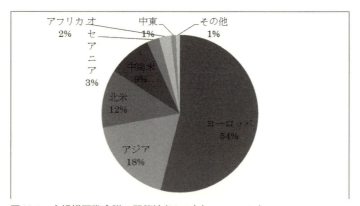

図10.5　大規模国際会議の開催地（2017年）n=12563人
出典：JNTO（2018）『ICCAによる2017年の国際会議開催統計の発表』2頁

表10.1　国別国際会議数（2017年）

| Rank | COUNTRY | # MEETINGS |
| --- | --- | --- |
| 1 | U.S.A. | 941 |
| 2 | Germany | 682 |
| 3 | United Kingdom | 592 |
| 4 | Spain | 564 |
| 5 | Italy | 515 |
| 6 | France | 506 |
| 7 | Japan | 414 |
| 8 | China-P.R. | 376 |
| 9 | Canada | 360 |
| 10 | Netherlands | 307 |

＊上位10か国のみ抜粋出典：ICCA（2018）*2017 ICCA Statistics Report*, p.16

## 10.2 イギリスにおける近代化と観光開発
### 10.2.1 観光の近代化

イギリスは隣国のアイルランドだけでなく、カナダやオーストラリアなど、世界各地に広大な植民地を形成したことで知られている（図10.6）。しかし、他のヨーロッパ主要国と比べると、域外へ進出した時期はむしろ後発であり、なおかつグランドツアーが流行したルネサンス期（14-16世紀ごろ）ではフランスやイタリアと比べればむしろ後進国であった。しかしながら、強大な海軍力や政治・思想上の転換（清教徒革命（1641-1649年）や名誉革命（1688-1689年）など）、産業革命（18-19世紀）などにより、海外進出への礎を築き上げていった（朝水 2012:13-25）。

図10.6　イギリスとアイルランド

出典：フリー白地図 https://freevectormaps.com/united-kingdom/GB-EPS-02-0001
　　　を基に著者作成

産業革命は観光産業の近代化にも大きな影響を及ぼした。1753年に開館（一般公開は1759年）した大英博物館（図10.7）は世界各地からの文物を収集しているだけでなく、現在では一大観光施設にもなっている（British Museum:web）。トーマス・クックによる鉄道を使った団体パッケージツアーの実施（1841年）や第一回目の万国博覧会であるロンドン万博（1851年）など、産業革命時のイギリスの観光は現代の観光産業の原型となったと言っても過言ではない（朝水2007:40-42）。

**図10.7　大英博物館**
**出典：2011年9月　著者撮影**

しかし、産業革命後の急速な近代化は都市部における公害や人口流出による農村部の荒廃など、様々な弊害をもたらした。イギリスにおける古典的な保護活動として、共有地保存協会（1865年）が挙げられるが、後にこの活動は世界的に有名なナショナル・トラスト運動（1895年）につながっていった。初期のナショナル・トラスト運動では、オクタビア・ヒル（Octavia Hill）などが中心に、共有地や歴史的な遺産の保護活動が展開されるようになった（朝水2007:66）。ナショナル・トラスト運動自体は観光振興策ではないが、これらの保護された遺産のいくつかは、現在ではイギリスを代表する観光になっている。

## 10.2.2　ロンドン・オリンピックと観光

　なお、万国博覧会に加え、ロンドンでは1908年と1948年、2012にオリンピックが開催されている。現在では巨大なイベントであるオリンピックであるが、1896年の第1回アテネ・オリンピックを除けば、1900年の第2回パリ大会や1904年の第3回セントルイス大会は万国博覧会の一部として実施された。厳密に言えば1908年の第4回ロンドン大会は万国博覧会ではないが、仏英博覧会と並行して実施された。1912年の第5回ストックホルム大会から博覧会とは別に単独でオリンピックが開催されるが、現在のような巨大なイベントに変わったのは、ナチス政権下の1936年のベルリン・オリンピックの時であった（福田1999:429）。

　民間企業の活動が活発であり、なおかつ地方分権化が進んでいるイギリスでは、公的セクターの強い中央集権的な国々と比べると、観光政策の国家的な取り組みが相対的に希薄である。しかし、第一回ロンドン万博と同様に、戦後初の1948年ロンドン・オリンピックはベルリン・オリンピックの影響もあり、国策として取り組まれた。ベルリン大会で好評だった聖火リレーは1948年のロンドン大会でも継承され、現在に至っている（JOC:web）。

　万国博覧会やオリンピックのようなイベントでは国家的な後押しがあるが、イギリスにおいて観光は基本的には私企業や地方自治体の活動であった。しかし、観光産業の巨大化に伴い、イギリスにおける観光開発法（Development of Tourism Act: 1969年）により、英国政府観光庁（British Tourist Authority）や各地の観光局が設立した（山崎2014:36）。さらに、英国政府観光庁とイギリス観光協議会（English Tourism Council）が合併して、2003年に特殊法人のビジット・ブリテン（Visit Britain）に再編された（山崎2004:90）。2012年のオリンピック開催に向けて、2007年9月には文化・メディア・スポーツ省（DCMS:Department for Culture, Media and Sport）が中心となり、「2012観光戦略」を取りまとめた（井上2008:7）。

　オリンピック開催に向け、多くの国々では事前プログラムである「カル

第10章　ヨーロッパ主要国における観光政策

チュラル・オリンピアード」が行われる。2012年オリンピックではカルチュラル・オリンピアードに力点を置き、ロンドンだけでなく、イギリス各地で文化イベントを開催した。山崎（2017）によると、2012年オリンピックではイギリス各地での積極的な文化イベントの実施により、ロンドン以外でも外国人訪問者による消費活動が活性化されたという（表10.2）。

表10.2　ロンドン・オリンピック前後の外国人訪問者による消費金額

（単位：百万ポンド）

| | 2009年 | 2010年 | 2011年 | 2012年 | 2013年 | 2014年 | 2015年 |
|---|---|---|---|---|---|---|---|
| イングランド | 14,426 | 14,620 [↑] | 15,657 [↑] | 16,262 [↑] | 18,654 [↑] | 19,081 [↑] | 19,427 [↑] |
| ロンドン | 8,238 | 8,741 [↑] | 9,411 [↑] | 10,075 [↑] | 11,496 [↑] | 11,822 [↑] | 11,919 [↑] |
| 北東部 | 203 | 204 [↑] | 218 [↑] | 287 [↑] | 208 | 216 [↑] | 272 [↑] |
| 北西部 | 801 | 1,021 [↑] | 956 | 887 | 1,090 [↑] | 1,115 [↑] | 1,211 [↑] |
| ヨークシャー | 461 | 417 | 482 [↑] | 433 | 581 [↑] | 571 | 516 |
| 西ミッドランド | 595 | 549 | 571 [↑] | 578 [↑] | 843 [↑] | 762 | 816 [↑] |
| 東ミッドランド | 393 | 325 | 387 [↑] | 361 | 457 [↑] | 429 | 434 [↑] |
| イングランド東部 | 782 | 737 | 768 [↑] | 773 [↑] | 887 [↑] | 967 [↑] | 960 |
| 南西部 | 1,087 | 910 | 955 [↑] | 971 [↑] | 1,088 [↑] | 1,039 | 1,056 [↑] |
| 南東部 | 1,863 | 1,714 | 1,908 [↑] | 1,898 | 2,003 [↑] | 2,160 [↑] | 2,242 [↑] |
| スコットランド | 1,369 | 1,455 [↑] | 1,494 [↑] | 1,401 | 1,671 [↑] | 1,840 [↑] | 1,695 |
| ウェールズ | 332 | 333 [↑] | 328 | 346 [↑] | 352 [↑] | 368 [↑] | 410 [↑] |
| 北アイルランド | 193 | 196 [↑] | 220 [↑] | 207 | 208 [↑] | 231 [↑] | 199 |
| 英国全体 | 16,500 | 16,778 [↑] | 17,873 [↑] | 18,505 [↑] | 21,089 [↑] | 21,715 [↑] | 21,941 [↑] |

出典：山崎（2017）「英国の地方版レガシープラン」9頁

　なお、2012年のロンドン・オリンピックでは、既存の施設の再開発や新たな施設の再利用が注目された。オリンピックのメイン会場になったドックラン地区における再開発はよく知られているが、2012年のオリンピック・スタジアムもまた、2015年のラグビーワールドカップの試合会場の1つになった。ラグビーのワールドカップはサッカーのワールドカップと同様に複数の都市で開催されるため、地方への波及効果が期待される（図10.8）。

図10.8　2015年ラグビーワールドカップの会場
出典:石田(2016)「ラグビーワールドカップ2015の概要」3頁

　イギリスにおける再開発では、RDA（Regional Development Agency: 地域開発公社）やRTB（Regional Tourist Board: 地域観光委員会）などが、地域の経済政策としての観光振興策に関わっている。特に工業が衰退した産業都市での再開発に重点を置いてきたことは世界的にも知られている。2004年7月には、DCMSが観光政策に関する報告書'Tomorrow's Tourism Today'を発行し、観光振興による「賢い成長」がキーワードとなっている（Lutz 2009:web）。

## 10.3. フランスにおける観光政策と農村開発
### 10.3.1　観光政策の変遷

　2017年時点で世界最大のインバウンド訪問者数を誇るフランスは観光政策の歴史が古く、なおかつ多方面で観光開発が行われている（図10.9）。蒸気機関による鉄道の開通はイギリスよりは遅いが、現在では高

# 第10章 ヨーロッパ主要国における観光政策

速鉄道（TGV）の路線が張り巡らせており、なおかつ観光施設もハイエンドから大衆向けまで幅広く整備されている。

**図10.9　フランスの主要路線**
出典：レイルヨーロッパ(n.d.)「TGV Network」http://www.railguide.jp/routemap/pdf/012.pdf, 2018年11月30日閲覧

　フランスの観光政策であるが、近隣諸国と切磋琢磨できたことがその後の発展につながっている。隣国のスイスでは1885年にジュネーブ観光協会が設立されていたが、フランスでは1889年にグルノーブルで観光組合が設立された（石井2006:2）。全国規模の組織では、フランスの全国観光局（Office national du tourisme）が1910年設置され、スイスの連邦政府の観光局が設立されたのは1917年であった（石井2006:2）。なお、海外のフランス観光局として1920年にロンドン事務所が設立された（自治体国際化協会2007:4）。

現在のフランスはバカンスの国として知られているが、これには有給休暇制度の発展が欠かせなかった。しかしながら、フランスの有給休暇制度が法令化される前に、ファシスト政権のイタリアにおいて、1925年に「労働後の活動」（Opera Nazionale Dopolavoro）と呼ばれる労働者の余暇・観光とスポーツを奨励する団体が設立された。イタリアの「労働後の活動」には、1936年の時点で産業労働者の80%が参加したとされる（石井2012:101）。後述のように、一般国民向けの余暇制度の整備はフランスよりもむしろナチス政権下のドイツの方が早かった。

しかしながら、フランスでは1935年に観光庁（Commissariat général au tourisme）が設立され、全国観光発展委員会（Comité national d'expansion du tourisme）や観光・湯治促進センター（Centre National d'Expansion du Tourisme et du Thermalisme:CNET）などの政府組織が整備された（石井2012:100）。さらに、レオン・ブルム（Léon Blum）の人民戦線政権下の1936年には有給休暇法が導入されている（自治体国際化協会2007:4）。これは、1年間の労働に対して15日間、6ヶ月の労働には6日間の有給休暇が法的に与えられるというもので、当時としては画期的なものであった（白坂2014:54）。余暇目的の長期休暇制度自体はイタリアやドイツでも作られていたが、労使間の契約ではなく、法的に定められた権利が認められたことは、後に諸外国の有給休暇制度にも大きな影響を及ぼした。

### 10.3.2 戦後の観光開発

戦後になると、フランス政府は有給休暇を1956年に3週間、1969年には4週間、1982年には5週間に伸ばした（白坂2014:55）。フランス政府は単に有給休暇制度を延長しただけでなく、国民が余暇活動を楽しむための施設の整備もまた行ってきた。たとえば、石井（2012）は戦後のフランス政府による観光政策5か年計画の内容を以下のように分類している。

第10章　ヨーロッパ主要国における観光政策

・第1次計画（1948-52）:国際・国内観光振興のための道路網の整備、鉄道サービス網の復興改善
・第2次計画（1954-58）:金持ち向けのホテルから低廉な施設の整備に重点を移す
・第3次計画（1958-61）:グリーンツーリズムの振興や農村民宿gites rurauxの整備
・第4次計画（1961-65）:低廉宿泊施設の拡充（400ヶ所にキャンプ場を設置,休暇家族の家100ヶ所,農村民宿4000ヶ所の新設）
・第5次計画（1966-70）:ラングドック・ルシオン地域の海岸リゾート開発
・第6次計画（1971-75）:会議観光,ビジネス旅行,高齢者観光の促進
・第7次計画（1976-80）:観光教育の導入と既存の教育施設の改善
・第8次計画（1981-85）:中央政府指導の5カ年計画は廃止され,地方分権化へ

**出典:石井（2012）「フランス観光政策小史」103-104頁より抜粋**

　第1次計画は戦後の観光開発のため最低限必要なインフラ整備が行われたが、第2次計画の時点では、すべての国民が観光を享受できるためのソーシャル・ツーリズムの影響が見られる。多くの人々に安価な観光商品と宿泊施設を提供するため農村が注目され、農村観光協会（Association Agriculture et Tourisme: 1952年設立）や農村民宿の全国組織であるジット・ド・フランス全国連盟（Federation Nationale des Gites Ruraux:1955年設立）などが組織化された（荒樋1998:89）。

　第5次計画では、ラングドック・ルシオンのリゾート開発が大きな目玉であった。この開発は経済的に貧しい地域の振興策であったのと同時に、有給休暇の拡充や安価なバカンスの提供など、いくつかの政策が有機体的に実施された（朝水2007:68-70）。ただし、第8次計画に見られるように、1980年代はサッチャーリズムやレーガノミックス風の「小さな政府」が世界的な潮流になった。民間主導の開発が広まり、フランスにおける

観光開発も変容していった。石井（2012:102）によると、1983年以降、1990年代の一時期を除くと、フランスの観光政策は長年経済関連の省庁が管轄することになった。

　他方、1980年代には民間主導の開発に加え、地方分権化の影響も観光分野に見られる。たとえば1982年に設立された「フランスの最も美しい村協会」（Les plus beaux villages de France）は大規模な観光開発とは一線を画し、小規模ながら魅力的な遺産を有する村の魅力をコミューン議会（フランスの地方議会の最小単位）の同意を得ながら観光客に伝えている（関2011:25）。なお、1950年代のフランスにおける農村観光は安価なものだったかもしれないが、現在は農村観光自体の人気が高まり、ワインや郷土料理などで付加価値を高めたものもある（図10.10、図10.11）。これは先進国で共通である都市化と農村の希少化による需要と供給の関係で説明でき、日本においても農村部において小規模ながら付加価値が高い宿泊施設が現れつつある。

**図10.10　ロワール川と農村風景**
**出典：2018年6月　著者撮影**

第10章　ヨーロッパ主要国における観光政策

図10.11　アッケルマン・ワイン洞窟
出典：2018年6月　著者撮影

　ただし、フランスのインバウンド観光は現在でも世界一の訪問者数を誇るとはいえ、スペインやアメリカ合衆国などの追い上げもあり、もはや絶対王者ではない。外国人訪問者による収入はすでに世界一ではなく、アメリカ合衆国やスペインがフランスを上回る年が続いている。インバウンド観光の強化のため、フランス政府は2014年に観光関連の政府機関を経済関連の省庁から外務省管轄に変更し、対外プロモーション活動を重点的に行うようになった（石井2016:88）。フランスにおける外国人観光客はイギリスやドイツなど近隣のヨーロッパ諸国の出身者が多いが（図10.12）、近年ではその他の地域からの観光客も増えつつある（図10.13）。

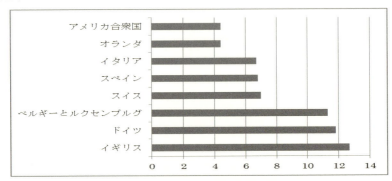

図10.12　2017年のフランスにおける外国人観光客数（単位：100万人）
出典：DGE (2018) *87 millions de touristes étrangers en France en 2017*, p.2 より抜粋

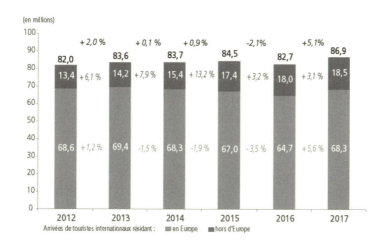

図10.13 フランスにおける外国人観光客数（単位：100万人）
＊下はヨーロッパ、上はヨーロッパ域外の観光客数

出典：DGE (2018) *87 millions de tourists étrangers en France en 2017*, p.1

## 10.4. ドイツの観光と地域連携

### 10.4.1. ドイツ観光の特徴と背景

　日本のように、イギリスやフランスでは外国人訪問者が首都圏に集中しているが、現在のドイツでは全国的に分散している（図10.14）。ドイツにおける外国人訪問者の出身国は隣国のオランダやスイスが上位を占めているが、アメリカ合衆国からの訪問客も少なくない（図10.15）。

　日本における観光研究家の間では、中央政府による観光政策は、先述のようにフランスのものが良く知られている。しかし、ドイツにおける観光関連の政策も古く、1918年には休暇法が制定されている。ただし、このドイツの法律における有給休暇は使用者と労働者間の労働協約であり、法律による決められた有給休暇の日数も定められていなかった（白坂

第10章　ヨーロッパ主要国における観光政策

図10.14　ドイツにおける外国人訪問者（2017）　単位：100万人
出典：GNTB（2018）*Germany The Travel Destination*, p.17

図10.15　ドイツにおける外国人訪問者の出身国（2017）　単位100万人
出典：GNTB（2018）*Germany The Travel Destination*,　p.10

2014:56)。

　他方、現代のドイツでは、「古城街道」(Burgenstraße:1954年制定）や「メルヘン街道」(Maerchen Straße:1975年制定）など、いくつかの観光地を線で結んだ観光街道（Ferienstraße）が良く知られている。その中でもドイツ・アルペン街道（図10.16）は歴史が古く、1927年に制定されて

図10.16　ドイツ・アルペン街道（Deutsche Alpenstraße）
出典：ドイツ観光局(n.d.)「ドイツ・アルペン街道」http://www.germany.travel/jp/leisure-and-recreation/scenic-routes/german-alpine-road.html, 2018年11月30日閲覧

いる（小方2012:81）。

　しかし、1929年に起こった世界大恐慌と、その後のナチス政権により、ドイツの観光政策は大きく変容していった。初期のナチス政権では、国民の支持を得るのと反対勢力のガス抜きのため、1933年に余暇組織である歓喜力行団（Kraft durch Freude:KdF）が設立され、さらに国策として博物館、劇場、映画館、スポーツ施設などの余暇施設の建設が進んだ。歓喜力行団は旅行も企画し、なおかつアウトバーンやオリンピック施設などの公共事業の建設地でも出張公演を行った（田野2003:212）。

　1936年のベルリン・オリンピックはナチス政権と深くかかわってい

る。オリンピック自体はナチス政権が誘致したわけではないが、オリンピック開催に向けて当時海外40カ所に設立された政府観光局が宣伝用パンフレットを13か国語で138万7000部印刷し、宣伝映画が41か国で176万9000回上映された（池井1999:15）。巨大な競技施設の建設は雇用を生み、オリンピック景気によって1933年には600万人だった失業者が1936年には100万人以下にまで減ったとされる（西尾2008:59）。さらにドイツ内外を走り回る聖火リレーや大規模な開会式、テレビ中継など、ベルリン大会が後の各国のオリンピックに与えた影響は少なくない。

この一連の流れは観光街道にも影響を及ぼした。観光街道のうち、1935年に提唱されたドイツ・ワイン街道（図10.17）は観光による娯楽の提供であるのと共に、貧困農民に対する地域振興策でもあった（河野2013:13）。なお、1930年代における観光街道の設立は自動車道の整備と結びついている。1933年年6月に「帝国アウトバーン会社の設立に関する法律（Gesetzüeberdie Errichtungeines Unternehmens Reichsautobahnen）」が公布され、ドイ

図10.17 ドイツ・ワイン街道（Deutsche Weinstraße）

出典：ドイツ観光局（n.d.）「ドイツ・ワイン街道」http://www.germany.travel/jp/leisure-and-recreation/scenic-routes/german-wine-route.html, 2018年11月30日閲覧

表10.3 アウトバーンの建設距離

| 1935年 | 106km |
| --- | --- |
| 1936年 | 979km |
| 1937年 | 923km |
| 1938年 | 1,036km |
| 1039年 | 255km |
| 1940年 | 436km |
| 1941年 | 90km |
| 1942年 | 34km |
| 1943年 | 35km |
| 総延長 | 3,896km |

出典：三石(2008)「トット・アウトバーン・ヒトラー：アウトバーン物語」5頁

ツ全土に自動車網が張り巡らされていった（三石2008:4)。

　三石（2008:8）によると、先述のように1933年の初めにはドイツに600万人以上の失業者がいた。アウトバーンの建設現場で直接働く人は、1933年の時点では1,000人以下であったが、1937年には10万1000人、1938年には12万人に達した。さらに、アウトバーンに接続する道路の建設や整備などに、10万人が雇用されたという。これらの大量動員により、ドイツにおける自動車道路網は急激に整備されていった。

### 10.4.2. 戦後の復興と観光開発

　他方、戦後の観光街道は外国人観光客の受け入れ策と深く結びついている。観光街道のうち、日本人にとって最もなじみのあるロマンティック街道（図10.18）は、アメリカ占領軍兵士やその家族に人気の旅行先だった場所がベースとなっている（大畑2015:50)。1950年1月に、アウクスブルクのホテル・アウグスタに集ったヴュルツブルク、ローテンブルク、

図10.18 ロマンティック街道（Romantische Straße）
出典：ドイツ観光局(n.d.)「ロマンティック街道」http://www.germany.travel/jp/leisure-and-recreation/scenic-routes/romantic-road.html, 2018年11月30日

211

アウクスブルク、フュッセン等の政治家および観光関係者が、「マイン川からアルプスに至るロマンティック街道協働団体」(Arbeitsgemeinschaft Die Romantische Straße zwischen Main und Alpen) の設立を宣言した (大畑2015:50)。同じく1950年には、戦後の経済復興に役立てるため、旧西ドイツ国内に観光街道が約40ルート開発された (小方2012:81)。

なお、フランスと同様に、ドイツでも第二次世界大戦後に安価な宿泊手段として農家での滞在が広まった。その後、都市化が進むと、「農家で休暇を」(Urlaub auf dem Bauernhof) により、都市部の人々の農村滞在の需要が高まってきた（小方2012:88）。乗馬やトレッキングなどのアクティビティが整備され、農家民宿の規模が拡大してきた。初期のころの農家民宿は素泊まりやB&Bスタイルのものが多かったが、1980年代から商業化が進んだ休暇用ボーヌングが増えている（朝水2007:75）。グリーンツーリズムの発展は農村に居住する人々にとって経済的なメリットがあるだけでなく、景観保護にもつながった（図10.19、図10.20）。

図10.19　モーゼル川とブドウ畑
出典:2012年9月　著者撮影

図10.20　トリア郊外の車窓
出典:2012年9月　著者撮影

### 10.4.3 地方のMICE

　先述のように、ドイツはMICEが発展しており、国際会議数ではアメリカ合衆国に次ぐ世界2位、あるいはヨーロッパ1位の地位が続いている。日本も「C」の部分の国際会議数では世界の上位国ではあるが、同じMICEでも「E」の部分が弱い。「C」の部分は小規模なものであれば大学やホテル等でもカバーできるが、「E」の部分で日本が弱く、ドイツが強い理由は屋内展示会場の施設の規模の違いである。

　ドイツにおける見本市の歴史は古く、ライプツィヒでは1165年に開催されていたとされる（伊藤2015:4）。ライプツィヒは第二次世界大戦後に東ドイツに組み込まれたため、旧西ドイツではハノーバが見本市会場として発達した。なお、UFI（Union des Foires Internationales）によると、屋内展示会場の面積ではメッセ・ハノーバが世界1位であり、それ以外にもフランクフルトやケルン、デュッセルドルフが10位以内にランクインしている（表10.3）。

表10.3　屋内展示会場の面積（単位：平方メートル）

| 1　Messe Hannover | Hannover | Germany | 463,275 |
|---|---|---|---|
| 2 National Exhibition and Convention Center (Shanghai) | Shanghai | China | 404,400 |
| 3　Messe Frankfurt | Frankfurt/ Main | Germany | 366,637 |
| 4　Fiera Milano (Rho Pero) | Milano | Italy | 345,000 |
| 5 China Import & Export Fair Complex (Pazhou Complex) | Guangzhou | China | 338,000 |
| 6　Kunming Dianchi Convention & Exhibition Center (DCEC) | Kunming | China | 310,000 |

213

第10章　ヨーロッパ主要国における観光政策

| 7　Koelnmesse | Cologne | Germany | 284,000 |
| --- | --- | --- | --- |
| 8　Messe Duesseldorf | Duesseldorf | Germany | 261,817 |
| 9　Paris Nord Villepinte | Paris | France | 246,312 |
| 10　McCormick Place | Chicago | USA | 241,548 |

出典：UFI（2018）*World Map of Exhibition Venues 2017*, p.10

　なお、伊藤（2015）はUFIの資料を基に、日本最大の東京ビッグサイトよりも大きなドイツ国内の屋内展示会場をマッピングした（図10.19）。これによると、先ほどの4つだけでなく、エッセンやハンブルク、ニュルンベルク、ミュンヘンなど、ドイツ各地に巨大な屋内展示会場がある。ベルリンにも大型の国内展示会場はあるが、日本と異なり、首都圏一極集中ではない。

図（10.20）　ドイツにおける主要展示会場
出典：伊藤白（2014）「ドイツの見本市・展示会とその支援政策」5頁

214

**おわりに**

　以上、本稿ではヨーロッパの国々のうち、イギリスとフランス、ドイツの事例を見てきた。それぞれ異なった観光政策の道を歩んできたが、大都市だけでなく、地方都市や農村部でも独自の観光が発達している。ナショナル・トラスト運動や観光街道などは日本を含む世界各国にも影響を及ぼしている。他方、有給休暇の普及や地方における科学的で持続可能な観光運営など、日本にとって課題として残されている分野も多々見られる。それぞれの国の事情は異なっているが、今後の問題解決の参考になれば幸いである。

## 参考文献

荒樋豊（1998）「フランスのグリーンツーリズム」http://www.dairy.co.jp/dairydata/ kulbvq000000bewf-att/kulbvq000000bexf.pdf, 2018年11月30日閲覧

新井佼一（2012）「英国の1969年観光開発法の概要の紹介と分析」『ホスピタリティ・マネジメント』3（1）,61-75頁

朝水宗彦（2007）『開発と環境保護の国際比較』嵯峨野書院

朝水宗彦（2012）『新版　北アメリカ・オセアニアのエスニシティと文化』くんぷる

British Museum（n.d.）"History of the British Museum", https://www.britishmuseum. org/about_us/the_museums_story/general_history.aspx, Accessed November 30, 2018

DGE（2018）*87 millions de tourists étrangers en France en 2017,* DGE

ドイツ観光局（n.d.）「ドイツ・アルペン街道」http://www.germany.travel/jp/ leisure-and-recreation/scenic-routes/german-alpine-road.html, 2018年11月30日閲覧

ドイツ観光局（n.d.）「ドイツ・ワイン街道」http://www.germany.travel/jp/leisure-and-recreation/scenic-routes/german-wine-route.html, 2018年11月30日閲覧

ドイツ観光局（n.d.）「ロマンティック街道」http://www.germany.travel/jp/leisure-and-recreation/scenic-routes/romantic-road.html, 2018年11月30日

EU（n.d.）"Regional Policy", http://ec.europa.eu/regional_policy/index_en.htm, Accessed May 25, 2009

福田浩（1999）「初期の近代オリンピックとネイション概念の変容」『北大法学論集』50（4）,388-434頁

二神真美（2014）「持続可能な観光地マネジメントのための総合的指標システム」『NUCB journal of economics and information science』59（1）, 217-230頁

Geology.com（n.d.）"United Kingdom Map - England, Scotland, Northern Ireland, Wales", https://geology.com/world/united-kingdom-satellite-image.shtml, 2018年11月30日閲覧

GNTB（2018）*Germany The Travel Destination,* GNTB

本田雅子（2007）「EUツーリズム政策の展開と課題」『経済論集』3,61-75頁

ICCA（2018）*2017 ICCA Statistics Report,* ICCA

池井優（1992）「スポーツの政治的利用：ベルリンオリンピックを中心として」『法学研究』65（2）,9-31頁

井上健二（2008）「ツーリズム大国・英国に学ぶ」『観光文化』191,6-10頁

石田雅博（2016）「ラグビーワールドカップ2015の概要」『自治体国際化フォーラム』319,2-6

石井昭夫（2006）「インバウンド国際観光事始め」『国際観光情報』2006.2,1-2頁

石井昭夫（2007）「EUの文化観光戦略」『国際観光情報』2007.2,1-2頁

石井昭夫（2012）「フランス観光政策小史」『ホスピタリティ・マネジメント』3（1）,99-110頁

石井昭夫（2016）「観光の所管は外務省へ,曲がり角に来たフランスの観光政策」『ホスピタリティ・マネジメント』7（1）,79-97頁

伊藤白（2015）「ドイツの見本市・展示会とその支援政策」『調査と情報』843,1-13頁

自治体国際化協会（2007）「フランスの観光政策」『CLAIR REPORT』305,1-49頁

JNTO（n.d.）「世界各国・地域への外国人訪問者数ランキング」https://www.jnto.go.jp/jpn/statistics/visitor_statistics.html, 2017年11月30日閲覧

JNTO（2018）『ICCAによる2017年の国際会議開催統計の発表』JNTO

JOC（n.d.）「再び世界を明るく照らす聖火」https://www.joc.or.jp/column/olympic/history/004.html, 2018年11月30日閲覧

木下万里（2008）「観光資源としての宿泊施設」『運輸と経済』68（7）,67-74頁

国土交通省（2013）『平成26年度版　観光白書』国土交通省

河野眞（2013）「ドイツの観光街道にさぐる〈線型ツーリズム〉の可能性」『愛知大学国際問題研究所紀要』142,1-49頁

LUTZ, Jane（2009）「持続可能な観光を用いた地域再生」http://www.jlgc.org.uk/gyomu_mt/2009/01/post_45.html,アクセス日2009年5月25日

三石善吉（2008）「トット・アウトバーン・ヒトラー：アウトバーン物語」『筑波学院大学紀要』3,1-13頁

西川明子（2003）「欧州連合（EU）の農村振興政策」『レファレンス』8月号,53-65頁

西尾祥子（2008）「メディア・イベントの空間」『情報文化学会誌』15（2）,57-64頁

小方昌勝（2012）「ドイツの観光振興策の沿革と現状」『ホスピタリティ・マネジメント』3（1）,77-98頁

大畑悟（2015）「ロマンチック街道の誕生」『観光研究』26（2）,49-60頁

レイルヨーロッパ（n.d.）「ユーレイルマップ」http://www.railguide.jp/routemap/pdf/001.pdf, 2018年11月30日閲覧

レイルヨーロッパ（n.d.）「TGV Network」http://www.railguide.jp/routemap/pdf/012.pdf, 2018年11月30日閲覧

関清一（2011）「フランスの「最も美しい村」を訪ねて」『自治体国際化フォーラム』Dec.2011,25-26頁

白坂蕃（2014）「ヨーロッパの経験した観光開発と有給休暇制度」『立教大学観光学部紀要』16,48-63頁

田野大輔（2003）「民族共同体の祭典」『大阪経大論集』53（5）,185-219頁

UFI（2018）*World Map of Exhibition Venues 2017*, UFI

UNWTO（2018）*Tourism Highlights 2018,* UNWTO

UNWTO（2018）*World Tourism Barometer, 16*（3）, UNWTO

山崎治（2004）「観光立国に向けて」『レファレンス』2004.10,80-92頁

山崎治（2014）「英国の観光政策・戦略」『レファレンス』2014.10,2-57頁

山崎治（2017）「英国の地方版レガシープラン」『調査と情報』968,1-11頁

## 著者紹介

**朝水 宗彦（アサミズ　ムネヒコ）**
　秋田大学教育学部卒業。桜美林大学大学院国際学研究科博士（学術）。
北海学園北見大学、立命館アジア太平洋大学専任講師を経て、山口大学
教授

**江村 あずさ（エムラ　アズサ）**
　山口県出身。山口大学経済学研究科修士（経済学）。西京銀行勤務。

**韓 準祐（ハン ジュンユウ）**
　立教大学大学院観光学研究科博士（観光学）。立命館アジア太平洋研究
センター（RCAPS）客員研究員、立命館大学文学部地域研究学域特任
助教を経て、現在多摩大学グローバルスタディーズ学部専任講師

**ペルラキ　ディーネシュ**
　山口大学東アジア研究科在学中。山口大学公開講座非常勤講師。津和
野町日本遺産センター　コンシェルジュ。

**周 暁飛（シュウ　ギョウヒ）**
　山東省出身。山口大学東アジア研究科在学中。山口大学公開講座非常
勤講師。山東旅游職業学院講師。

**郭 淑娟（カク　シュクケン）**
　台北市出身。山口大学東アジア研究科博士（学術）。山口大学東アジア
研究科コラボ研究員。

### 凱 和(カ ホ)

立命館大学文学研究科修士および京都大学文学研究科修士。東北大学東北アジア研究センター研究員。

### 刘 姝秋(リュウ シュシュウ)

貴州省出身。山口大学経済学研究科修士(経済学)。

### リシャラテ アビリム

新疆ウイグル自治区出身。元新疆師範大学講師。山口大学東アジア研究科博士(学術)。山口大学公開講座非常勤講師。山口大学東アジア研究科コラボ研究員。

地域観光と国際化

| 編集 | 朝水宗彦 |
|---|---|
| 著者 | 江村 あずさ　韓 準祐　ペルラキ ディーネシュ |
| | 周 暁飛　郭 淑娟　凱 和　刘 姝秋 |
| | リシャラテ アビリム　朝水 宗彦 |
| 初版発行 | 2019年2月19日 |
| 印刷 | モリモト印刷（株） |
| 発行 | （有）くんぷる |

ISBN978-4-87551-063-5

本書についてのお問い合わせは info@kumpul.co.jp へメールにてお問い合わせください。

定価はカバーに記載されています。